# すぐ実践できる
# 情報スキル50

――学校図書館を活用して育む基礎力――

塩谷京子 |編著|

ミネルヴァ書房

# はじめに

　みなさんの学校時代を描いてみてください。高等学校のどこに図書館があったのか，思い出すことができますか。もっと遡って，中学校や小学校ではどうでしょう。長い間学校図書館は，授業で使われることはほとんどありませんでした。図書館の場所を思い出せる方は，きっと，自分の足で何度も通ったはずです。

　21世紀に入って間もない頃，単なる本の部屋から学びの場へと，学校図書館の見直しが始まりました。学校図書館の学習環境整備が必要になった理由として，1998年に告示され2002年に実施された学習指導要領において，総合的な学習の時間が新設されたことがあげられます。総合的な学習の時間のねらいのひとつに，「変化の激しい社会に対応して，自ら課題を見付け，自ら学び，自ら考え，主体的に判断し，よりよく問題を解決する資質や能力を育てること〔後略〕」が示されています。「教師主導」から「学習者中心」へと教育観が大きく転換した時代でもありました。このような学習を進めていくために，学びの場が教室以外のところにも向けられたのです。

　学校図書館もそのひとつです。学校図書館は情報・資料の宝庫です。発達段階に合わせ子どもがわかる言葉で書かれている情報・資料が集められている場所でもあります。授業で学校図書館や図書館資料を活用するためには，専門的な知識をもった校内のまとめ役が必要になります。それが司書教諭です。1997年の学校図書館法改正により，2003年度以降，12学級以上の学校と制限はあるものの司書教諭が配置されることになりました。

　この頃の司書教諭がまず取り組んだのは，授業で使える図書館にするための環境整備でした。授業を行うには，ひとクラス分の机や椅子が必要です。図書館を模様替えして机や椅子を置くスペースを作ったり，校内で余っている机や椅子を図書館に持ってきたりするなど，司書教諭は奮闘しました。場所が整ったら，授業で使う本を置き始めました。百科事典や図鑑などが多くの学校に揃ったのもこの頃です。地域によっては，学校司書，もしくは図書館ボランティアの方々と司書教諭が協力して，整備を進めたところもありました。整備された図書館を授業で使うようになって初めて浮き彫りになった課題が，調べ方を知らない子どもの姿でした。

　調べることに図書館を使ったことがなく，使い方を学んでいないのですから無理もありません。「先生，お米」という問いかけに対して「お米の何を知りたいの」と聞き返すと首を傾げる，目次・索引を見ずにぺらぺらと本をめくる，本を探して授業時間を終える，このような子どもの行動が浮き彫りになってきたのです。本書の原型である『学校図書館で育む情報リテラシー』（全国学校図書館協議会，2007）を企画し始めたのは，このような課題が見えてきたからでした。「情報社会の到来」「21世紀は産業社会から情報社会へと社会の仕組みが変わる」というように，「情報社会」という言葉を頻繁に目にするようになった時期でもありました。

i

「情報社会」とはどんな社会なのか，今までと何が違うのか，こうした議論を通して得た実感，それは「この時代を生きるためには20世紀に獲得した基礎力とは異なる新たな基礎力が必要になる」ということでした。「知っていれば小学生でもできるけれども，知らなければ大人でもできない」，だからこそ，「新たな基礎力が要る」，これが，本書の原型である『学校図書館で育む情報リテラシー』の執筆動機でした。

　基礎力と言えば「読み・書き・そろばん」という言葉が浮かんできます。筆者の子ども時代を振り返ると，確かに，文字を読み，文字を書く，そして計算をすることは，日々継続して行う必要があることとされ，宿題にも出されました。これが，我が国において長い間，必要とされてきた基礎力です。このようにして20世紀に子ども時代を過ごした今の大人は，当たり前のことながら，21世紀の情報社会に必要な新たな基礎力である情報スキルを身につける学習をしていません。教えるための課題は何か，どのようなスモールステップが必要なのかを検討しながらの授業実践をもとに，議論を重ねた上での出版でした。

　それから9年後の2016年，読者のみなさんからの熱いメッセージに後押しされ，新たな形で本書を出版する運びとなりました。

　みなさんからいただいたご意見の中で最も多かったのは，中学校現場からのものでした。
・中学校においても習得させたいスキルがある。一覧できるようにしたい。
・小学校6年間と中学校3年間の9年間を通して俯瞰したい。

　小学校現場からも要望がありました。
・全体像が見えた上で，今日の授業を意識するようになった。中学とのつながりを知りたい。
・情報スキルの系統や内容を，文章を読んでしっかり理解したい。

　このようなみなさんの言葉から，学校図書館があるからこそできること，さらに言えば学校図書館のもつ可能性を強く感じ取ることができました。2007年から2016年の9年の間に，情報化は進みました。本書は，授業実践と研究を重ねた上での提案となります。

　特長は，以下の4点です。

● 探究の過程に沿って情報スキルを一覧できる

　まず，学校図書館や図書館資料を活用することを通して育成される情報スキルを，小中学校の学習指導要領と教科書（国語科，社会科・地理，算数・数学，理科，生活科）から抜き出しました。そして，探究の過程を「課題の設定」「情報の収集」「整理・分析」「まとめ・表現」の4段階とし，抜き出した情報スキルを各段階に分類しました。

● 小中学校9年間の発達段階を見通すことができる

　次に，50の情報スキルを発達段階に沿って整理しました。小学校1年生から4年生までを「ステップ1」，小学校5・6年生を「ステップ2」，中学生を「ステップ3」という3つの段階に分けました。9年間の系統を読むことを通して，どのようにスキルを習得していくのかが理解できるようにしました。

例えば，課題の設定の「テーマを決める」では，
 ステップ１ 知りたいことを絞る     小学校１／２年生
 ステップ１ 知りたいことを整理する    小学校３／４年生
 ステップ２ 知識を広げてからテーマを選ぶ  小学校５／６年生
 ステップ３ 共通テーマから自分の問いを作る 中学校２年生

という順で読み進めることができるように構成されています。それぞれのステップには情報スキルの内容，指導方法が発達段階に沿って書かれています。

● スキルの内容理解と実践事例がセットになっている

 さらに，内容の理解と実践事例を探究の過程ごとに整理しました。指導内容が理解できたらすぐに実践事例を把握できるようにするためです。実践事例には，授業に必要な情報に加え，授業での主発問，授業で使った資料を掲載しています。授業での試行錯誤をライブの状態でお伝えしたいという気持ちを具現化しました。

● 授業を支える学習環境の整備の仕方が見える

 最後に，授業を進めるときに「あったらいいな」と思う学習環境を本書ではあちこちから見えるようにしました。授業時間は，45分，50分と限られています。整備された学習環境に授業者は助けられることから，授業と学習環境整備は表裏一体であると考えることもできるからです。

 情報・資料が集められているということは，学校図書館の大きな特長です。授業を進めていくための具体的な情報・資料がわかるように，本書の文中に散りばめました。また，情報・資料以外にも，授業を支える学習環境があります。例えば，児童生徒の作品やシンキングツールなどが学校図書館にあることにより，授業にどう生かされるのかについての説明も加えました。

 このように，本書は，学校図書館を活用することを通して育成したい情報スキルの内容を読んで理解し，合わせて授業もイメージできるという構成です。学校図書館にある情報・資料は子どもが理解できる言葉で書いてあります。これらを活用することで育成されるスキルは，子どもが思考・判断・表現するときの基礎力となっていきます。このような力を子どもにつけたいという願いをもったみなさんのお役に立てたら幸いです。

2016年４月                          塩谷　京子

| 探究の過程 | 発達段階／学年 | タイトル | ステップ1 小学校1／2年生 | ステップ1 小学校3／4年生 | ステップ2 小学校5／6年生 | ステップ3 中学校1年生 | ステップ3 中学校2年生 | ステップ3 中学校3年生 |
|---|---|---|---|---|---|---|---|---|
| Ⅰ 課題の設定 | つかむ | A 問いをひらく | ①知りたいことを教わる *国語・生活 | ②知りたいことを整理する *国語・社会・総合 | ③知識を広げてからテーマを選ぶ *国語・社会・総合 |  | ④共通テーマから自分の問いを作る *国語・総合 |  |
|  | 見通す | B 計画を立てる |  |  |  | ⑥調査計画を立てる *地理・総合 |  |  |
| Ⅱ 情報の収集 | 集める | C 探索する | ⑦読みたい本の場所を知る *国語・学活 | ⑧日本十進分類法（NDC）を知る *国語・学活 | ⑨参考図書を使う *国語・社会・総合 | ⑩メディアの種類や特徴を知る *地理 | ⑪使用するメディアを目的に応じて選ぶ *地理 |  |
|  |  | D 事典・辞典を引く |  | ⑫百科事典を引く *国語 |  | ⑬事典・辞典を使いこなす *国語 |  |  |
|  |  | E 目次・索引を使う |  | ⑭目次・索引を使う *国語・社会・理科・総合 |  | ⑮見当をつけて情報を探す *国語・地理・総合 |  |  |
|  |  | F インターネットを使う |  | ⑯キーワードを使う *国語・社会・総合 | ⑰インターネットを使って情報を集める *国語・社会・総合 |  | ⑱インターネットのまわりよく利用について考える *道徳 |  |
|  |  | G 地域に出て調査をする |  |  |  |  |  |  |
|  | 収める | H 情報を手元に置く | ㉓問いと答えを正対させる *国語・生活 | ⑲アンケートを作る *国語・社会・総合 ㉔要約と引用を区別する *国語・社会 | ⑳インタビューをする *国語・社会・総合 ㉕参考にした資料を書く *国語・社会・理科・総合 | ㉑目的に応じたアンケートを作成する *国語 ㉖著作権を意識して引用を行う *道徳 | ㉒目的に応じたアンケートやインタビューを行う *国語 |  |
| Ⅲ 整理・分析 | 考えをつくる | I 言葉を磨く |  | ㉗集めた情報を比較・分類する *国語・社会 | ㉘関係づけながら主張を見出す *国語・社会・理科・総合 | ㉙観点を立てて情報を整理する *国語・社会・総合 | ㉚目的に応じて情報を整理する方法を選ぶ *国語 | ㉛事実と主張のつながり方を読み取る（論理展開） *国語 |
|  |  | J 数値を扱う |  |  | ㉜調査結果の特徴を読み取る（グラフ、表） *国語・算数・総合 | ㉝調査結果をヒストグラム化する（ヒストグラム） *地理・数学・総合 |  | ㉞標本調査から母集団の傾向を読み取る *数学・生徒会活動 |
|  | 筋道を通す | K 筋道を通す | ㉟なぜ・なにシートを使って主張と根拠を組み立てる *国語・生活 |  | ㊱ピラミッドチャートを使って事実・意見・主張を組み立てる *国語・社会・理科・総合 | ㊲ピラミッドチャートを使って構造化する *国語・社会・理科・総合 |  |  |
| Ⅳ まとめ・表現 | まとめる | L プレゼンテーションをする |  | ㊳形式に沿ってプレゼンテーションを行う（紙芝居） *国語・総合 | ㊴主張が伝わるプレゼンテーションを行う *国語・社会・総合 |  | ㊵相手や目的に応じたプレゼンテーションを行う *国語・総合 |  |
|  | 表現する | M 事実や事柄を正確に伝える |  | ㊶はじめ・なか・おわりを区別して報告する文章を書く *国語 | ㊷事実（結果）と自分の考えを区別して報告する文章を書く *国語・社会・総合 | ㊸レポートの形式を知る *国語 ㊹レポートにまとめる *国語 | ㊺わかりやすい説明の仕方を工夫する *国語 ㊻自己の考えを明確にしてレポートにまとめる *理科 |  |
|  |  | N 根拠に基づいて考えを伝える |  |  | ㊼要約や引用を取り入れて意見文を書く *国語 |  | ㊽立場と根拠を明らかにして意見文を書く *国語 | ㊾根拠を明らかにして説得力のある批評文を書く *国語 ㊿文章の形態を選んで書く *国語 |

*指導可能な各教科等

# 目　次

はじめに
情報スキル50一覧表

知っておいてほしいこと …………………………………………………………………… *1*

## Ⅰ　課題の設定　　　　　　　　　　　　　　　　　　　　　　　　　　　　　　　*9*

つかむ　Ⓐ　問いをつくる ………………………………………………………………… *10*
　　　　① 知りたいことを絞る ステップ1　　*10*
　　　　② 知りたいことを整理する ステップ1　　*12*
　　　　③ 知識を広げてからテーマを選ぶ ステップ2　　*13*
　　　　④ 共通テーマから自分の問いを作る ステップ3　　*15*
　　　　発達段階を意識して まとめ　*17*
　　　　実践事例　①～④　　*18～25*

## Ⅱ　情報の収集　　　　　　　　　　　　　　　　　　　　　　　　　　　　　　　*27*

見通す　Ⓑ　計画を立てる ………………………………………………………………… *28*
　　　　⑤ 調べる方法を整理する ステップ2　　*28*
　　　　⑥ 調査計画を立てる ステップ3　　*30*
　　　　発達段階を意識して まとめ　*32*
　　　　実践事例　⑤～⑥　　*33～35*

集める　Ⓒ　探索する ……………………………………………………………………… *38*
　　　　⑦ 読みたい本の場所を知る ステップ1　　*38*
　　　　⑧ 日本十進分類法（NDC）を知る ステップ1　　*39*
　　　　⑨ 参考図書を使う ステップ2　　*41*
　　　　⑩ メディアの種類や特徴を知る ステップ3　　*43*
　　　　⑪ 使用するメディアを目的に応じて選ぶ ステップ3　　*44*
　　　　発達段階を意識して まとめ　*45*
　　　　実践事例　⑦～⑪　　*46～54*

　　　　Ⓓ　事典・辞典を引く …………………………………………………………… *55*
　　　　⑫ 百科事典を引く ステップ1　　*55*
　　　　⑬ 事典・辞典を使いこなす ステップ3　　*58*
　　　　発達段階を意識して まとめ　*59*
　　　　実践事例　⑫～⑬　　*60～63*

v

### E 目次・索引を使う ……………………………………………………………… 64
　⑭　目次・索引を使う　ステップ1　　64
　⑮　見当をつけて情報・資料を探す　ステップ3　　65
　発達段階を意識して　まとめ　　66
　実践事例　⑭～⑮　　67～70

### F インターネットを使う ………………………………………………………… 71
　⑯　キーボードを使う　ステップ1　　71
　⑰　インターネットを使って情報を集める　ステップ2　　72
　⑱　インターネットのよりよい利用について考える　ステップ3　　73
　発達段階を意識して　まとめ　　74
　実践事例　⑯～⑱　　75～79

### G 地域に出て調査をする ………………………………………………………… 80
　⑲　アンケートを作る　ステップ1　　80
　⑳　インタビューをする　ステップ2　　81
　㉑　目的に応じたアンケートを作成する　ステップ3　　82
　㉒　目的に応じたインタビューを行う　ステップ3　　83
　発達段階を意識して　まとめ　　84
　実践事例　⑲～㉒　　85～92

## 収める　H 情報を手元に置く ………………………………………………………… 94
　㉓　問いと答えを正対させる　ステップ1　　94
　㉔　要約と引用を区別する　ステップ1　　95
　㉕　参考にした資料を書く　ステップ2　　97
　㉖　著作権を意識して要約や引用をする　ステップ3　　100
　発達段階を意識して　まとめ　　101
　実践事例　㉓～㉖　　102～108

## Ⅲ　整理・分析　　109

### 考えをつくる　I 言葉を扱う ……………………………………………………… 110
　㉗　集めた情報を比較・分類する　ステップ1　　110
　㉘　関係づけながら主張を見出す　ステップ2　　113
　㉙　観点を立てて情報を整理する　ステップ3　　115
　㉚　目的に応じて情報を整理する方法を選ぶ　ステップ3　　116
　㉛　事実と主張のつながり方を読み取る（論理展開）　ステップ3　　117
　発達段階を意識して　まとめ　　118
　実践事例　㉗～㉛　　119～126

### 　　　　　　J 数値を扱う ……………………………………………………… 127
　㉜　調査結果の特徴を読み取る（グラフ，表）　ステップ2　　127
　㉝　調査結果の傾向を読み取る（ヒストグラム）　ステップ3　　128
　㉞　標本調査から母集団の傾向を読み取る　ステップ3　　130
　発達段階を意識して　まとめ　　132
　実践事例　㉜～㉞　　133～138

# Ⅳ　まとめ・表現

**まとめる**　**K** 筋道を通す ………………………………………………………… 140
　　㉟　なぜ・なにシートを使って主張と根拠を組み立てる　ステップ1　140
　　㊱　ピラミッドチャートを使って事実・意見・主張を組み立てる　ステップ2　142
　　㊲　ピラミッドチャートを使って構造化する　ステップ3　144
　　発達段階を意識して　まとめ　145
　　実践事例　㉟〜㊲　146〜150

**表現する**　**L** プレゼンテーションをする ………………………………………… 152
　　㊳　形式に沿ってプレゼンテーションを行う（紙芝居）　ステップ1　152
　　㊴　主張が伝わるプレゼンテーションを行う　ステップ2　153
　　㊵　相手や目的に応じたプレゼンテーションを行う　ステップ3　154
　　発達段階を意識して　まとめ　155
　　実践事例　㊳〜㊵　156〜161

　　**M** 事実や事柄を正確に伝える ………………………………………………… 162
　　㊶　はじめ・なか・おわりを区別して報告する文章を書く　ステップ1　162
　　㊷　事実（結果）と自分の考えを区別して報告する文章を書く　ステップ2　164
　　㊸　レポートの形式を知る　ステップ3　165
　　㊹　レポートにまとめる　ステップ3　167
　　㊺　わかりやすい説明の仕方を工夫する　ステップ3　168
　　㊻　自己の考えを明確にしてレポートにまとめる　ステップ3　169
　　発達段階を意識して　まとめ　170
　　実践事例　㊶〜㊻　171〜182

　　**N** 根拠に基づいて考えを伝える ……………………………………………… 183
　　㊼　要約や引用を取り入れて意見文を書く　ステップ2　183
　　㊽　立場と根拠を明らかにして意見文を書く　ステップ3　185
　　㊾　根拠を明らかにして説得力のある批評文を書く　ステップ3　186
　　㊿　文章の形態を選んで書く　ステップ3　187
　　発達段階を意識して　まとめ　188
　　実践事例　㊼〜㊿　189〜196

参考にした文献　197
おわりに　199
索　引　201

# 知っておいてほしいこと

❶　学校図書館での授業のイメージは？

　21世紀に入り，学校図書館の見直しが始まってから，「before after」「学習・情報センター」「授業」というキーワードを用いた学校図書館の改善報告が盛んに行われてきました。それは，「学びの場」がある学校図書館の誕生物語でもあります。

　20世紀後半から21世紀と言えば，産業社会から情報社会へと社会構造が大きく変化した時期でもあります。時代の変化とともに，「教師主導の教える授業」から「学習者が自ら学ぶ授業」へと，授業観にも転換期が訪れました。関心・意欲・態度が重視され，自ら学ぶ力を培う総合的な学習の時間が始まりました。

　授業観の変化に伴い，あらゆる場所で得られる様々な情報が教材となり，学びの場は教室だけではなくなりました。そのひとつに学校図書館があります。本のある部屋から学びの場へと学校図書館の見直しが行われ，授業を想定した机や椅子，調べるための本が置かれました。学校図書館といえば個人で行く部屋であったのが，「授業」で児童生徒全員が使える場に改善されたのです。

　学びの場が整備されたからこそ見えてきた課題，それは学校図書館の活用方法や，多くの本から必要な情報を見つける方法などを知らない児童生徒の姿でした。知らないことはできなくて当たり前ですが，学びの場が整備されて初めて顕在化された大きな課題でした。

　この課題はその後，学校現場や研究者で検討され，「～の使い方」や「学校図書館を使って～」という記述が教科書に掲載されるという形で解決されたように見えました。しかしながら，学校図書館と授業，この2つの言葉には，今なお大きな隔たりがあると筆者は考えています。

　「学校図書館とはどういうところですか」と尋ねられたら，みなさんはどのように答えますか。今の大学生に尋ねると，「本があるところ」「読書をするところ」「静かなところ」というイメージが中心で，「授業」という言葉はなかなか出てきません。確かに，学校図書館は，読書の場，癒しの場でもあり，学びだけの場ではありません。児童生徒にとっては，学びのイメージよりも読書や癒しのイメージの方が印象的だったのかもしれません。

　次に，「授業」という言葉を使って「図書館ではどのような授業が行われましたか」と尋ねてみると，「ほとんど使っていない」「覚えていない」「調べたけどインターネットが中心だった」という回答と，「図書の時間があって，好きな本を読んでいた」「必要な本を探して調べた」という回答が大半でした。少数ですが「レポートを書いた」「プレゼンテーションを行った」という答えもありました。

　聞き取りを行ったおよそ40人の大学生の中でも，学びの場に改善されながらも授業で使われて

いない学校図書館がある反面，レポートの作成やプレゼンテーションまで行っている学校があるのが現状です。また，見逃してはならないのは，この回答にある「好きな本を読んでいた」「必要な本を探して調べた」という授業の実態です。筆者が抱く学校図書館と授業の隔たりは，このような授業にあります。授業である以上，教室であろうと学校図書館であろうと，授業者は次のように組み立てるのではないかと思うのです。

　「授業」には，まず，「目標（ねらい）」があります。
　　「目標」に対する児童生徒の実態把握が必要です。
　　「目標」達成のために，実態に沿った「教材」を用意します。
　次に，
　　児童生徒が主体的に学ぶために「活動場面（言語活動）」を設定します。
　　「目標」達成のために授業の流れを組み立てます。
　そして，
　　「目標」に対する評価を行います。

　これらをまとめたものが指導案です。通常，授業者はこのような観点で単元や本時を組み立てています。ですから，「きょうの時間は好きなように実験をしましょう」「必要な実験器具を探しましょう」とは言いません。「好きな本を読みましょう」「必要な本を探しましょう」というときには，確かに学校図書館を使っています。しかし，どのようなねらいのもとに，どのような教材が用意され，どのような活動が組まれているのかは見えてきません。

　多くの授業者は，小中学校時代に学校図書館を「授業」で活用した体験をもちあわせていません。「授業展開」のイメージがもてないのは当然です。本書を読むことを通して，小中学校9年間授業を受けたような疑似体験ができますので，それをもとに学校図書館や図書館資料を活用した「授業」のイメージを広げてほしいと考えています。

❷　授業展開の工夫とは？
　では，学校図書館や図書館資料を活用し，このような観点をもとに組み立てられた「授業」を具体的に見てみましょう。
　方法を知ることと学習活動がセットになった「授業展開」を，最近よく見かけるようになりました。例えば，百科事典の使い方や日本十進分類法を学んだ後，クイズを解く形式の学習活動が設定されている「授業」です。
　百科事典を「背・つめ・柱」という順で引く方法を学んだ後，カードに書かれた問いの答えが百科事典のどの巻のどのページに載っているのかを探す活動が組まれていました。「第1回オリンピックはどこで行われたのか」という問いから，「パンの形が三角の場合でもハンバーガーというのか」という問いまで，児童生徒の好奇心をくすぐる多様な問いのカードが用意されていました。児童生徒が最も主体的に取り組んでいたのは，問いを見て，百科事典のどの巻に答えがあるのかを予測する場面でした。

日本十進分類法を学んだ後，手渡されたカードの本の所在を図書館から探す活動では，事前に学校司書がメダルの絵を見つける本に忍ばせてありました。もちろんメダルの絵を見つけたときは大喜びですが，簡単にその本に辿りつけないことが，達成感の要因ではないかと感じました。例えば，644という記号をもとに，本を探すためには，まず6類の書架が図書館のどこにあるのかを見つけなければなりません。普段見ていない書架は簡単には見つけられないのです。習った手順を思い出しながら2人で協力して（2人1組で行う活動），本に辿りつくという学習活動の設定は，これから，ひとりで本を探すことにつながる学びになっていました。

　また，学習活動から学び方を知る「授業展開」も見かけます。図書館に保管してある先輩が書いたレポートを読み，どのようなレポートが読みやすいのかを話し合う活動から，自分たちがこれから書くレポートの基準を決めていく授業です。読み手になったときに，どのようなレポートを読みたいのかを話し合うことで，書き手になったときには，何を意識する必要があるのかが見えてくるようでした。「レポートを始めからじっくり読むのではなく，ざっと眺めてからじっくり読みたいところを絞った」「レポートの形式が整っていると，読み進めやすい」など，書いているときには見えなかった発言が出てきました。

　テーマに関する体験や本から得た知識をもとに，自分の知りたいことを見つけていく授業では，導入時にシンキングツールを使っていました。既に知っていたこと，授業を通して学んだことをもとに，自分の知りたいことを見つけていました。そのときにKWLシート（本書12ページ参照）を使っていました。知りたいことを見つけると同時に，KWLシートを使った知りたいことの見つけ方も学んでいました。

　いずれも，「学校図書館を生かした学習活動」と「知識・技能の習得」が組み合わさった授業展開でした。1時間の授業ですが，教室同様，ねらいがあり，教材が用意され，主体的に取り組む学習活動が設定されていました。教室で行われている授業と何ら変わりはありません。

　このような授業以外にも，各教科等の学習における課題を調べる授業は，もちろん，学校図書館が使われています。今の各教科等の時間数では，授業者の準備がない状態で，児童生徒が図書館全体から必要な情報を選び出すようなゆとりはありません。そこにはどのようなねらいがあり，どのように図書館資料を使うのかという準備が必要になります。授業者の準備の助けとなるのが司書教諭や学校司書です。1時間の授業で児童生徒がねらいを達成できるように，授業者と司書教諭・学校司書が事前に打ち合わせを行ったり，授業中にサポートしたりするなど，複数の指導者が協働する体制づくりに力を入れている地域もあります。

　さらに，「〜について調べましょう」という指示で，児童生徒ができるようになるまでには，かけ算が九九から筆算，小数，分数と進んでいくように，発達段階に沿ったスキルの習得と活用が必要になります。どのようなスキルが必要なのかについては，発達段階に合わせて教科書に書かれています。教科書はページ数に限りがありますので，詳しい指導法まで書かれていない場合もありますが，何をするのかは授業者に見えるようになっています。それを「授業」として取り上げるか否かは授業者の判断に依ります。

2003年度以降，10年以上かけて「学びの場」が整えられてきました。2016年の今から次の10年を展望したときに充実していきたいのは，整えられた「学びの場」を活用した「授業」ではないかと考えます。

### ❸　学校図書館での授業は必要？

　教室で「授業」ができれば，授業者にとってそれに越したことはありません。準備が少なくてすみます。しかし，地域，学校図書館，ICTを活用することを通して，学びの場が教室から広がるということは，その分準備が必要になります。学校現場は多忙です。その中で，学校図書館で授業をしたい，図書館資料を活用した授業を行いたいという気持ちに授業者がなるでしょうか。読者のみなさんはいかがですか。

　学校図書館は，発達段階に合わせた言葉で書かれた情報・資料が集められています。児童生徒が生活している社会の言葉は多くが大人を対象としています。小中学校では，9年間かけて語彙を習得していきます。その間に児童生徒は，好きな分野を見つけ，自分が理解できる言葉から知識を得，興味関心を抱いていきます。いわば，学校図書館は，人類の知識や知恵へと向かうトンネルの入り口でもあるのです。もし，読者のみなさんのまわりに小中学生がいたとしたら，学校図書館を活用して社会へ出るのと，学校図書館を使わずにそのまま社会に出るのとでは，どちらを選ばせたいですか。

　もちろん，筆者は前者です。

　さらに，各国において検討された「21世紀を生きるために必要な資質・能力」を調査した結果，「基礎的なリテラシー」「認知スキル」「社会スキル」の3つに分類することができると報告されています（図1）。基礎的なリテラシーの中には，情報社会を反映して情報に関する言葉が含まれており，我が国ではこのような能力を総称して，「情報活用能力」と呼んでいます。「情報活用能力」は，各教科等の学習の中に組み込まれており，学校図書館を活用することによって育成されるものも多くあります。

　具体的にみてみましょう。

　学校図書館にある情報・資料は，適当に置かれているのではなく組織化されています。また，学校図書館は，図書だけでなく，新聞，雑誌，インターネット，ファイル資料など多様なメディアから情報・資料を収集できるようになっています。特に，図書としては，一般図書に対して，百科事典，国語辞典，年鑑などの参考図書も整えられています。

　このような多くの情報・資料から自分に必要な情報を得るには，スキルが必要です。例えば，日本十進分類法を知ることで書架の位置を探すことができます。本の背表紙の下に貼っている請求記号の意味を知ることで本を探すことができます。

　このようなスキルを教えることを総称して「利用指導」と呼んでいます。利用指導を行えば児童生徒は学校図書館を利用できるというのもひとつの考え方です。しかし，児童生徒が学校図書館を活用したいと思ってもその機会がなかったとしたら，教えてもらった情報スキルはいつしか

| DeSeCo | | EU | イギリス | オーストラリア | ニュージーランド | （アメリカほか） | |
|---|---|---|---|---|---|---|---|
| キーコンピテンシー | | キーコンピテンシー | キースキルと思考スキル | 汎用的能力 | キーコンピテンシー | 21世紀スキル | |
| 相互作用的道具活用力 | 言語，記号の活用 | 第1言語 外国語 | コミュニケーション | リテラシー | 言語・記号・テキストを使用する能力 | | 基礎的なリテラシー |
| | 知識や情報の活用 | 数学と科学技術のコンピテンス | 数字の応用 | ニューメラシー | | | |
| | 技術の活用 | デジタル・コンピテンス | 情報テクノロジー | ICT技術 | | 情報リテラシー ICTリテラシー | |
| 反省性（考える力）（協働する力）（問題解決力） | | 学び方の学習 | 思考スキル（問題解決）（協働する） | 批判的・創造的思考力 | 思考力 | 創造とイノベーション | 認知スキル |
| | | | | | | 批判的思考と問題解決 | |
| | | | | | | 学び方の学習 | |
| | | | | | | コミュニケーション | |
| | | | | | | 協働 | |
| 自律的活動力 | 大きな展望 | | | | | | |
| | 人生設計と個人的プロジェクト | 進取の精神と起業精神 | 問題解決 協働する | 倫理的行動 | 自己管理力 | キャリアと生活 | |
| | 権利・利害・限界や要求の表明 | 社会的・市民的コンピテンシー 文化的気づきと表現 | | 個人的・社会的能力 異文化間理解 | 他者との関わり 参加と貢献 | 個人的・社会的責任 | 社会スキル |
| 異質な集団での交流力 | 人間関係力 | | | | | | |
| | 協働する力 | | | | | シティズンシップ | |
| | 問題解決力 | | | | | | |

図1　諸外国の教育改革における資質・能力目標

出所：国立教育政策研究所（2013）「教育課程の編成に関する基礎研究報告書5」13ページ。

忘れてしまいます。

　利用の仕方を指導しても活用が進まない課題に対して，児童生徒の行動や心の動きに目を向けた研究が行われました。調べるという行動は，知りたいこと（課題）や伝えたいことと別に存在しているのではなく，そこにはプロセスがあるという考え方が提案されました。20世紀後半のアメリカでのことです。[1]

　この考え方は世界中に広がり，我が国ではその概念を，「探究の過程」（文部科学省，2008）という用語で整理しました。「探究の過程」は，「課題の設定」「情報の収集」「整理・分析」「まとめ・表現」の4段階（図2）で示され，総合的な学習の時間などで広く使われています。

　また，情報教育の目標である情報活用能力の育成の3観点のうちのひとつである「情報活用の実践力」[2]については，「課題や目的に応じて情報手段を適切に活用することを含め必要な情報を

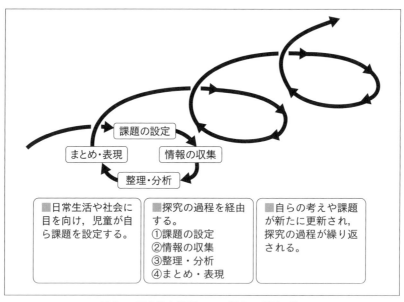

図2　探究的な学習による児童の学習の姿
出所：文部科学省（2010）『今、求められる力を高める総合的な学習の時間の展開』。

主体的に収集・判断・表現・処理・創造し，受け手の状況などを踏まえて発信・伝達できる能力」（文部科学省，1998）と説明されています。この中には，情報の収集から発信伝達までのプロセスに関する記述があります。

プロセス，すなわち「探究の過程」という考え方は，総合的な学習の時間が新設されて以降，情報教育，図書館教育においても取り入れられ，国語科や社会科・地理などの教科書にも掲載されるようになってきました。

❹　基礎力としての指導は？

思考力は，21世紀型能力育成の中核となる資質・能力です。しかしながら20世紀の教育では思考力を育成できなかったというわけではありません。例えば，理科の実験をしたら，結果を表やグラフに書き，そこから何が言えるのかを導き出しました。社会科では，複数の資料から何が問題なのかを議論しました。このように，20世紀の教育は教科という枠組みの中で思考力を育成してきたのです。一方，21世紀に必要なのは，教科内だけでなく教科の枠組みを越え，教科横断的に日常生活や社会に目を向けた汎用的な能力としての思考力・判断力・表現力です。「総合的な学習の時間」の新設と，「生きる力」の育成という用語は，21世紀に育成したい力を具現化するために新しく生みだされた概念でした。

我が国における総合的な学習の時間の新設の試みには，21世紀に必要な能力を育成する意図が見えます。時を同じくして，学校図書館が学びの場へと改善され始めました。読書センター，学習センター，情報センターとしての機能が活用できる学校図書館の誕生は，思考力・判断力・表現力を育成する場が教室以外にもあることの証でもありました。児童生徒が日常生活や社会に目

を向け，課題をもち，体験や知識をもとに思考し判断し表現すること，すなわち探究的な学習ができる場の提供でもあるのです。

　思考し判断し表現するには，知識や体験が必要です（知識や体験は情報という形で集約されます）。自身がもつ情報をもとに思考し，判断し，表現（行動）するからです。学びの場には，情報を得るひとつの方法として図書やインターネットがあります。集めた情報を手元に置く道具として，情報カードがあります。思考するひとつの道具としてシンキングツールを使います。表現するひとつの方法としてレポートやプレゼンテーションがあります。「探究の過程」においては，このような情報を扱うための方法（スキル）が必要になります。本書ではこれらのスキルを，「情報活用能力」よりも狭義の意味を示す用語として，「情報スキル」と表記しました。情報スキルは，思考力を高める上での基礎・基本であるという考えから，各教科等の学習において組み込みやすいように，一つ一つのスキルをできる限り細分化しました。さらに，情報スキルというとコンピュータの活用まで広く解釈できますので，イメージを限定するために，サブタイトルに「学校図書館を活用して育む基礎力」と明記しました。

　基礎・基本としての情報スキルの知識は，思考力・判断力・表現力の育成において，教員に必要であるという考えが根底にあります。情報スキルの一部である図書・資料の使い方や，電子メディアの使い方，レポートのまとめ方などの指導状況に関する調査結果があります。図3は，小中高等学校における，2008年度1年間に実施した学校図書館の指導内容の調査結果です。

　小中高等学校による傾向の差がないこと，実施された指導内容の差が大きいことが，一瞬にしてわかります。図書館の役割や図書・資料の探し方については，「利用指導」という用語が使わ

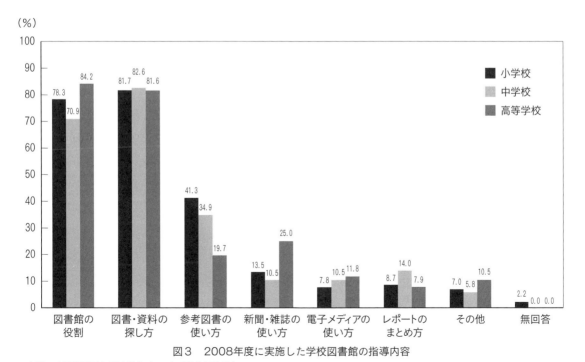

図3　2008年度に実施した学校図書館の指導内容
出所：全国学校図書館協議会（2009）『学校図書館』。

表1　2003年度と2008年度に実施した指導内容の比較　(%)

| 指導内容 | 2003年度実施 | 2008年度実施 |
|---|---|---|
| 図書館の役割 | 71.7 | 78.3 |
| 図書・資料の探し方 | 85.0 | 81.7 |
| 参考図書の使い方 | 42.5 | 41.3 |
| 新聞・雑誌の使い方 | 7.1 | 13.5 |
| 電子メディアの使い方 | 4.3 | 7.8 |
| レポートのまとめ方 | 8.3 | 8.7 |

出所：全国学校図書館協議会（2004, 2009）『学校図書館』。表枠筆者。

れたときから，行われていた指導内容です。その一方で，参考図書の使い方，電子メディアの使い方，レポートのまとめ方については，総合的な学習の時間が新設されてから必要になってきた指導内容です。

　全国学校図書館協議会は2008年度と同様の調査を2003年度にも実施していました（表1）。2003年といえば，12学級以上の学校に司書教諭が配置された年でもあります。そこから，5年過ぎても実施した指導内容はほとんど変化がありませんでした。司書教諭が配置された5年間は，学びの場づくりが主であったのかもしれません。今調査を行ったとしたら，どういう結果になるのでしょうか。

　このデータは情報スキルの一部に過ぎません。各教科等の学習に組み込まれている情報スキルはまだまだ数多くあり，それらはあくまでも基礎力です。基礎力は，少しずつ段階を経て継続的に身につけていくものです。

　本書では，学習指導要領と教科書から，情報スキルの内容を洗い出し，小中学校9年間，合わせて50の情報スキルに細分化しました。それらを探究の過程と発達段階に沿うように整理し，一覧表にしました。本書はあくまでも提案書です。読者のみなさんとの交流により，さらにブラッシュアップした形で提案できる日を思い描いております。

　基礎力を児童生徒が習得するには，時間と手間が必要です。簡単にひとりでできるようにはなりません。細かなスモールステップが必要です。本書が，児童生徒に情報スキルという基礎力を育成する助けとなることを心より願っております。

注
(1) アイゼンバーグとベルコヴィッツは，人が様々な場面で出合う問題に対して，情報という側面から問題を解決していくプロセスを考え，それを6段階のモデルとした。Big 6 Skills Model という。6段階は次の通りである。① task definition, ② information seeking strategies, ③ location and access, ④ use of information, ⑤ synthesis, ⑥ evaluation
(2) 「情報活用の実践力」「情報の科学的な理解」「情報社会に参画する態度」の3観点である。

| **A** 問いをつくる | | |
|---|---|---|
| ステップ1 ① 知りたいことを絞る | 国語・生活 | 小学校1／2年生 |
| ステップ1 ② 知りたいことを整理する | 国語・社会・総合 | 小学校3／4年生 |
| ステップ2 ③ 知識を広げてからテーマを選ぶ | 国語・総合 | 小学校5／6年生 |
| ステップ3 ④ 共通テーマから自分の問いを作る | 国語・総合 | 中学校2年生 |

Ⅰ 課題の設定／つかむ

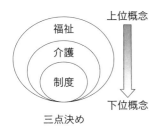

三点決め

| 障害者 | 高齢者 | 生活保護 |
|---|---|---|
| ホームレス | 学年テーマ 福祉 | 地域 |
| ひきこもり | 介護 | 児童 |

イメージマップ　　　　　　　　　　　　マンダラート

## ステップ1 A 問いをつくる
## ① 知りたいことを絞る

国語・生活　小学校1／2年生

### ▍スキルの内容

　　　　学校に入学すると，授業が始まります。

　子どもは，国語の授業で「ことば」に，そして，生活科で植物，生き物，学校生活など，身のまわりの「ことがら」に出合います。生活科の授業で見るあさがおの種に心が躍ります。心が躍るので「はやく芽を出してね」と，語りかける子もいます。身のまわりの「ことがら」との出合いは，子どもに大きな刺激を与えます。刺激に対して，子どもは反応します。「語りかけたくなる」「なぜだろうと不思議に思う」「育ててみたくなる」など，反応の仕方は様々です。学校図書館は，こうした子どもの「不思議に思う」気持ちに対応できる場所です。

　しかしながら，「不思議に思う」と言っても，具体的な問いから抽象的な問い，また，すぐ解決できる問いから難解な問いまで多様です。子どもの問いを，調べられるところまでもっていくこと，これが「知りたいことを絞る」スキルです。

　はじめから具体的な問いについては，わざわざ絞る必要はありません。例えば，種を見たときに，「これは何の種かな」と思ったら，子どもは知っている種を思い出そうとします。わからなかったら，誰かに聞くでしょう。そうすると答えが見つかります。具体的なものからの刺激には，具体的な不思議が生まれてきやすいのです。

　しかしながら，生活科の授業では，みんなで「ザリガニ」を飼ったり，「野菜」を育てたりします。多くのなぜが含まれている場面に出合うと，子どものなぜは一気に多様になってきます。そうしたときに，このスキルを学ぶと効果的です。

### ▍指導方法（1）三点決め

　　　　生活科で野菜を育てることになったとき，子どもは，「どんな葉っぱがでてくるのかな」「どんな花が咲くのかな」「できた野菜をどうやって食べようかな」「種はどんなふうにできるのかな」など，様々な不思議を抱きます。

　しかし，語彙の少ない子どもは，気になることはあったとしても，このような不思議を伝える文を作ることができないのです。例えば「葉っぱ」が気になっている子どもは「葉っぱ」，「花」が気になっている子どもは「花」と単語で答えます。

　そこで，教員と子どもはこんなやりとりをします。

　T：何の野菜を育てるのかな。
　C：なすです。
　T：なすの何を知りたいの？

C：お花。
T：どうして，なすのお花のことを知りたいの？
C：お母さんがなすのお料理をしてくれるからなすは知っているけど，お花は見たことがないから。
T：だから，なすのお花が気になっているのですね。なすのお花の何を知りたいの。
C：お花の色って，何色なの？
T：なるほど。なすのお花の色は何色なのかを知りたいのですね。

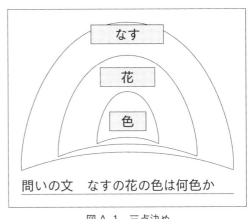

図 A-1　三点決め

　このようなやり取りをしていくと，子どもの気になっていることが，ようやく問いの文になります。教員は，このようなやり取りを通して，「知りたいことを絞る」方法を図にしていきます（図 A-1）。最後に，「なすの花の色は何色か」という文にして，「知りたいこと」のできあがりです。この方法を「三点決め」と言います。

## 指導方法（2）ペンタゴンチャート（筆者作成）

　三点決めは，知りたいことを一直線に絞り込んでいく方法です。それに対して，ペンタゴンチャート（図 A-2）を使うと，多様な方向に絞り込むことが可能になります。例えば，生活科でトマトをそだてることになったとします。子どもは知らないことだらけです。

　黒板に丸を描き，その中にトマトと書きます。次に，子どもが知りたいことをまわりに書いていきます。トマトのたねのまき方，トマトのそだち方，トマトのみのなり方というように助詞「の」を使うと絞り込みやすくなります。6つ以上でしたら線を引いて分割すると，欄を簡単に増やすことができます。5つ未満でしたらその欄に×をつければ減らすことができます。

　子どもは黒板の例にならい，自分の手元にあるペンタゴンチャートに書き込みます。知りたいことがいくつか見つかったら，1，2，3と知りたい順に番号をつけておきます。知りたいことが決まったら，最後は，「トマトのそだて方で気をつけることはなんだろうか」という問いの文にしてできあがりです。

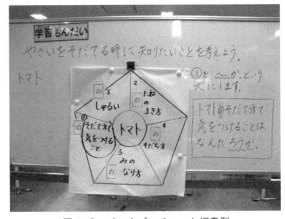

図 A-2　ペンタゴンチャート板書例

| ステップ1 | A 問いをつくる | | |
|---|---|---|---|
| | **② 知りたいことを整理する** | 国語・社会・総合 | 小学校3／4年生 |

## スキルの内容

　　単元計画を立てるときに，教員は子どもの実態を把握した上で導入段階に工夫を織り込みます。例えば，子どもの体験が少ないと判断したならば，体験を設定したり，ゲストティーチャーを招いたり，読み聞かせをしたり，疑似体験として映像などを見せたりするなど，子どもが興味関心をもって単元に臨めるような手だてを考えます。

　　このようにして，子どものところには多くの情報が集まってきます。子どもが自分の知りたいことを見出すためには，これらの情報を整理する必要があります。

　　そういうときにKWLシート（表A-1）を使うと，知りたいことが整理できます。

## 指導方法

　　体験活動などが終わった後に，KWLシートを使って集まった情報を整理します。初めて使うときにはK・W・Lの各欄に何を書くのかを確かめながら進めます。ここでは2つの方法を紹介します。慣れてきたらもちろん好きな枠から書いて構いません。

〈方法1〉①Kの欄に，自分が知っていることを書きます。②Lの欄に，体験活動や下調べなどを通して学んだことを書きます。③Wの欄に知りたいことを書きます。

〈方法2〉①Kの欄に，自分が知っていることを書きます。②Wの欄に体験活動や調べ学習を通して，知りたいことを書きます。③最後に授業を通して学んだことをLの欄に書きます。

表 A-1　KWL シート

| K<br>What I know<br>知っていること | W<br>What I want to know<br>知りたいこと | L<br>What I learned<br>学んだこと |
|---|---|---|
| | | |

　　各欄は，箇条書きにしても文でも構いません。また，絵で表すこともできます。矢印で結ぶと，知りたいことがどこから生まれてきたのかが見えます。知りたいことがいくつか書けたならば，その中から最も興味のあることに印をつけたり，知りたい順に番号をふったりします。最後に，赤鉛筆で線を引いたり四角で囲ったりすると知りたいことが強調されます。

ステップ2 A 問いをつくる

## ③ 知識を広げてからテーマを選ぶ

国語・総合 ／ 小学校5／6年生

Ⅰ 課題の設定／つかむ

### ■ スキルの内容

　小学校高学年になると，知識が増えるとともに知らないことがたくさんあることもわかってきます。未知なることへの好奇心や追究心が高まるのもこの時期です。ステップ1での「①知りたいことを絞る」では，自分の知識内において問いを見出すことをねらいとしていました。自分の興味や知りたいことは，ひょっとしたら今の自分の知識の外にあるのかもしれません。

　そこで，知りたいことを絞る前に，知識を広げてみることが必要になります。視点が広がりますので，知りたいことという表現から，話題という意味で「テーマ」という用語が使われるようになるのもこの頃です。このような時期に習得させたいのが，「知識を広げてからテーマを選ぶ」スキルです。

　総合的な学習の時間では，宿泊学習や修学旅行などの行き先の事前学習を行います。もちろん行き先について，知っていることはあります。しかし，初めて行く土地である場合がほとんどですので，知らないことも山のようにあるはずです。

　このように，知識がありながらも，知っていること以外に興味が向き，調べてみたいと思う気持ちが高まる場面で，このスキルを扱うと効果的です。

### ■ 指導方法　イメージマップ

　広げると言えば，多くの方がイメージマップを思い浮かべるでしょう。イメージマップは，真ん中にトピックを書き，そこから思いついたことを書き出していくシンキングツールのひとつです。

　宿泊学習に出かける先は南阿波（徳島県）です。子どもは，先輩の情報などから，既習知識をイメージマップに書き込んでいきます。イメージマップを書いているとき，知っていることが多い場合は興味のある分野を自由に深めたり広げたりできる反面，知っていることが少ない場合は鉛筆が止まってしまうことがよくあります。

　知っていることが少ない場合は，事前に，トピックである「南阿波」のまわりに分野を表す言葉を書いた

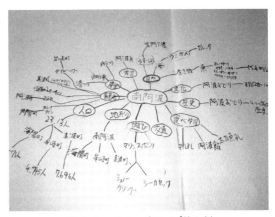

図 A-3　イメージマップ使用例

イメージマップを使います（図A-3）。地形，気候，産業，歴史など，地域を知る上で基本となる言葉が，この欄に入ります。この欄を見ながら，まず，知っていることを書いていきます。次に，情報カードを使って，基本情報を集めます（㉔「要約と引用を区別する」95ページ参照）。情報カードを見ながら，イメージマップに新たなキーワードを書き加えていきます。このようにして広がったイメージマップから，調べたいことを選びます。

## 発展（1）友だちと見せ合う

　　課題の設定というと，個人学習というイメージをもちやすいのですが，小学校の場合，イメージマップを互いに見せ合うのも効果的です。課題の設定の大枠は教員が提示することが多いため，共有できることがたくさんあるからです。

　　書き込んだイメージマップを友だちに見せながら，自分が知っていることを説明し合います。そこで得た情報は，自分のイメージマップに書き加えます。互いに説明し合うことを通して，基本情報を取り入れることができるのです。もちろん，分野を示す言葉を書いたイメージマップを使った後（図A-3参照）で，情報交換をするのも効果的です。情報交換をしてイメージマップを膨らませた後で，自分のテーマを選びます。

## 発展（2）目次を使う

　　友だちとイメージマップを見せ合う以外にも，目次を使って広げる方法があります。まず，自分が知っていることをイメージマップに書きます。次に，テーマに関する本の目次を開きます。細かいところは後から詳しく調べるので全体が俯瞰できる目次が役立ちます。目次を見ながら，興味のあることをイメージマップに書き加えていきます。自分の知っていたことと区別するために色を変えるなどの工夫をすると見やすくなります。数冊の本の目次をもとにイメージマップを広げていきます。そうした上で，興味のあるところに印をつけます。それが，テーマとなります。

## 発展（3）イメージマップの使い道

　　知識を広げるために使ったイメージマップは，テーマを選んだ後，使い道がいくつかあります。テーマを選んだとしても，資料を探したときに適切なものが見つからなかったり，知りたいことが友だちと重複して資料を使えなかったりする場合があります。そのときに，自分の知りたいことを選び直す必要が出てきます。イメージマップを使うと，他に興味のあることを見つけ，知りたいことを選び直すことができるのです。イメージマップは，自分の頭の中を紙面に表したものです。よって，途中の書き加えやメモにも使えます。

## ステップ3 A 問いをつくる
### ④ 共通テーマから自分の問いを作る　国語・総合　中学校2年生

Ⅰ 課題の設定／つかむ

### ▌スキルの内容

　中学生になると、「テーマを選ぶことは既に学習済みである」と、教員は思っています。さらに、タイトな授業時数を考えると、テーマ選びに時間をかけることは難しいのが現状です。さらに、テーマの枠組みは各教科等により、差異が出てきます。そこで、多様なテーマ設定に対応できるよう、いくつかのシンキングツールを知っておくと便利です。そのためには、シンキングツールの特徴を知っておく必要があります。

　中学校2年生になると、自分自身に目が向くようになります。また、総合的な学習の時間を使って、将来の自分を描くためにキャリア教育が行われるのもこの時期です。興味ある分野を調べたり、実際に仕事を体験させてもらったりする場合もあります。このように、自分がどんなことに興味関心があるのかを見出すときに、「シンキングツールを選んで使い、テーマを設定する」指導を行うと効果的です。

### ▌指導方法（1）マンダラート

　再確認したいのは、「絞る」と「広げる」を使い分けることです。ペンタゴンチャートとイメージマップを示しながら、両者の違いと広げる必要性（①「知りたいことを絞る」10ページ、③「知識を広げてからテーマを選ぶ」13ページ参照）を確認します。その後、「広げる」ときに使うシンキングツールとして、マンダラートを紹介します。

　マンダラートは、イメージマップと同様、「広げる」ときに、よく使われています（今泉浩晃氏が考案）。マンダラートは、縦横3マスずつ、合計9マスの四角で作られたものです。中心の四角に書いた言葉から思いつくことばをまわりの8マスへ書いていきます（実践事例④、24ページ参照）。

　しかし、テーマを選ぼうとして、マンダラートを使ったときに、まわりの四角に書く言葉が浮かんでこない生徒もいます。テーマについての視点が広がっていないので、無理もありません。そこで、多面的にみることをしてから広げていくと、テーマを選びやすくなります。

　まず、テーマを選ぶときに、自分がどんなことに興味関心が向いてい

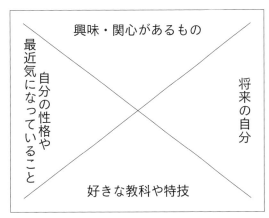

図A-4　多面的にみるときのXチャート使用例

るのかを考えてみます。興味・関心があるもの，好きな教科や特技，将来の自分，自分の性格や最近気になっていることの4つの視点で，Xチャートに書き込んでいきます（図A-4）。つまり，多面的な方向から，「なりたい自分」を描いていくのです。

　次に，マンダラートを使い，真ん中に「なりたい自分」と書きます。まわりの8つには，お金持ち，福祉，ダイエット，成績，明るい性格，ピアノ，保育士，音楽というように関係のある言葉を書いていきます。8つの中の「福祉」に最も興味があったならば，また，新しいマンダラートを作り，真ん中に「福祉」と書きます。このように続けていくと，テーマが決まってくるというわけです。

　このように，すぐに広げようとせず，「多面的にみて」から，「広げる」という段階を経る体験も大切です。

## 指導方法（2）イメージマップとマンダラート

　シンキングツールが増えてくると，それに対応して，特徴を確かめておく必要があります。長所と短所がわかることで，「広げる」ためにどのシンキングを使ったらよいのかが見えてくるからです。

　イメージマップとマンダラートを比較してみましょう。イメージマップの言葉は意味をもつ線でつながっているのに対し，マンダラートの言葉は線でつながっていません。イメージマップは自由度が高い反面，深まった一部が際限なく広がってテーマからそれていくことがあります。マンダラートは中心のトピックと想像するまわりの8つが等間隔であることを考えると，テーマに沿った広げ方ができます。

　このことから，イメージマップが自分のイメージの中に浸って広げていくのに対し，マンダラートは中心のトピックに戻って想像を広げていきます。この違いを意識できるようになると，トピックに応じてシンキングツールを選ぶことが可能になります。

## 指導方法（3）フリーカード

　イメージマップやマンダラート以外によく使われるのが，フリーカードです。グループのメンバー各自が，トピックから連想することを，フリーカードに書いていきます。1枚のカードには，1つのことを書くことを約束します。カードの代わりに付箋紙を使う場合は，のりは左というように決めておきましょう。書き終わったら集めたカードを分類します。似ているものを集め，まとまりごとに名前をつけます。あらかじめ座標軸を作りそこへカードを置く方法もあります。こうすることで，情報の類型化ができるだけでなく，自分では思いつかないアイデアにも出合い，自分の見方を広げることができます。グループ学習でも個人学習でも使える方法です。

**まとめ** **A 問いをつくる**

# 発達段階を意識して

　課題の設定は，ステップ1，2，3のどの段階でも子どもが難しいと感じるスキルです。発達段階によって，語彙数と言葉の抽象度が上がることが大きな原因です。そのため，発達段階に応じたスキルの習得が必要になってきます。

　小学生は1対1対応でものごとを理解していきます。1対複数が認識できるようになるのは，10歳前後です。そこで，「広げる」ときに，あれもこれもとシンキングツールを示してしまうと，子どもは，何のために，そのシンキングツールを使うのかがわからなくなってしまいます。中学生であれば，イメージマップ以外にマンダラートやフリーカードという手法もあることを学んだとしても，十分対応できます。

　また，1つのシンキングツールは，いくつもの方法で使うことが可能です。例えば，フリーカードは，「広げる」以外に，「分類する」ときにも使います。Xチャートは，「多面的に見る」以外に，「分類する」ときにも使います。子どもの混乱を防ぐためにも，10歳頃までは，何のために何のシンキングツールを使うのかを把握するときには1対1対応を原則にするとよいでしょう。

　その一方で，ペンタゴンチャートは，小学校低学年（ステップ1）で扱いますが，低学年専用のシンキングツールではありません。ペンタゴンチャートを小学校高学年で使うとなると，真ん中に「森林破壊」，まわりには「原因」「現状」「対策」「影響」「課題」という言葉が入ってきます。まわりの言葉はそのままで，真ん中が「震災」に変わったとしても使えます。絞り込むのは，小学校低学年と決めつけるのではなく，小学校低学年で習得したスキルの内容や言葉を変えていくと，ずっと使うことができます。

　このように，ステップ1（小学校1～4年生），ステップ2（小学校5・6年生），ステップ3（中学生）という3つのステップは，子どもの発達段階を意識して作成しています。小中学校9年間で習得した課題の設定に必要な情報スキルは，さらに，高校生へと発展します。高校生になると，小論文を書く技能が必要になってきます。小論文では，「～について」という形で大枠が示され，そこから自分で課題を設定する場合と，ある文章が提示され，そこから自分で課題を設定する場合があります。いずれも，自分で課題を設定する技能が必要になります。そこでは，新たなスキルを学びます。つまり，ステップ1，2，3は，独立してあるのではなく，積み上げていくスキルであり，高校へとつながっていくスキルでもあるのです。

Ⅰ 課題の設定／つかむ

| ステップ1 | ① 知りたいことを絞る |

【習得させたいスキル】知りたいことを問いの文で表すことができる。
【学年・教科領域】小学校2年生・生活科
【学習の価値】生きものを飼うためには，自分の体験に加え，知りたいことを人に聞いたり本で調べたりして得た知識も必要である。知りたいことを絞り問いの文で表すスキルの習得は，知りたいことを言語化する方法を身につけることにつながる。
【使用する教材】シンキングツール（ペンタゴンチャート）

**学習の流れ（1時間）**

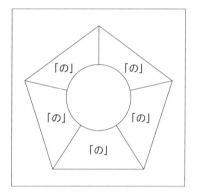

🕐 飼ってみたい生きもののどんなことを知りたいですか。
・幼稚園や保育所，1年生のときに飼っていた生きものを思い出す。
・教室で飼ってみたい生きものと，その理由を発表する。
（アメリカザリガニ，カブトムシ，やご　など）
・ペンタゴンチャートの真ん中の○に，自分が飼ってみたい生きものの名前を書く。
・飼ってみたい生きもの「の」 何について 知りたいのか，そして，その理由を発表し合う。

　　食べ物 →えさを準備しないといけないから
　　すみか →住み心地のいい家を作ってあげたい
　　オスメスの見分け方 →赤ちゃんが生まれたらうれしいから
　　病気 →病気にかかったらすぐに治してあげたいから

・板書を参考にしながら，飼ってみたい生きもの「の」何について知りたいのかを，ペンタゴンチャートのまわりに3～5つぐらい書く。
・知りたい順に1，2，3と番号をふり，問いの文にする。
・知りたいことをグループの友だちに紹介する。

**評価**

ペンタゴンチャートを使って知りたいことを絞りこみ，問いの文で表すことができる。

**留意点**

○問いの文になるように，「～か」という文末を意識させる。

## 資料

かってみたいどうぶつのことの知りたいことをきめましょう
　　年　　ばん　　なまえ（　　　　　　　　　　）

1　かってみたいどうぶつの知りたいことをきめましょう。

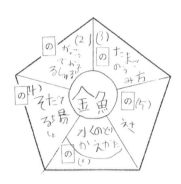

知りたいことを「の」のあとにつづけて書きましょう。

2　調べたい順に1,2,3の数字を書き、1について、「～か。」という文にしてみましょう。
　（れい）ザリガニのえさは、何だろうか？

<u>金魚の水のとりかえ方はどうやるのか</u>

3　ふりかえり

<u>きん魚のしりたいことを書いてみて、きん魚をかいたくなりました。</u>

ペンタゴンチャートの記入例

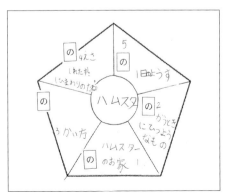

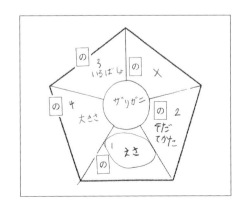

| ステップ1 | ② 知りたいことを整理する |

【習得させたいスキル】出合った多くの情報を整理し知りたいことを見つけることができる。
【学年・教科領域】小学校4年生・総合的な学習の時間
【学習の価値】知っていることと学んだことをもとに知りたいことを見つける活動は，自分の興味関心がどこにあるのかを把握することにつながる。この学習を通して，知りたいことを見える化することが可能になる。
【使用する教材】シンキングツール（KWLシート）

### 学習の流れ（1時間）

- 地域学習のテーマは「静浦の海」です。その中に，ヒラメの放流という活動があります。ヒラメについての情報を整理し，自分の知りたいことを見つけましょう。
- ヒラメについて知っていることや体験したことを発表し合う。
- KWLシートのKに，ヒラメについてすでに知っていることを書く。
- 昨年の4年生が作成した資料などを読んで学んだことを発表し合う。
- KWLシートのLに，学んだことを書く。

| K（知っていること） | W（知りたいこと） | L（学んだこと） |
| --- | --- | --- |
| ・ヒラメについて既に知っていることを書く。 | ・KやLを書いた後，更に知りたいことを書く。 | ・昨年の4年生が作成した資料。<br>・見学に行ったときの漁協の方のお話。<br>・司書の方に読んでもらった本。<br>・静浦のヒラメの資料。 |

- KとLをもとに，Wに知りたいことを書く。
- 自分が知りたいことをグループの友だちと情報交換する。

### 評価

知っていることと学んだことをもとに，これから自分の知りたいことを見つけることができる。

### 留意点

○総合的な学習の時間で使った資料は次年度も使うので，図書館に学年ごとに整理して使えるようにしておくとよい。
○KWLシートをそのまま掲示すると，知りたいことを互いに読み合うことができる。
○記入方法については，Kの次にWを書き，最後にWを書くという方法もある。

**資料**

### 静浦学習　　ヒラメの放流

年　　組　　番　名前（　　　　　　　　）

1　ヒラメの放流に出かけます。表を使って自分の知りたいことを整理しましょう。

| K<br>What I know<br>知っていること | W<br>What I want to know<br>知りたいこと | L<br>What I learned<br>学んだこと |
|---|---|---|
| ・海の底にいる | ・ヒラメの放流する理由はなんだろうか？<br><br>・ヒラメを放流して本当にとれる量はふえているのだろうか？ | ・「左ひらめに右かれい」といわれている<br>・高級食用魚として漁かくされたりする<br><br>・えものの小魚やこうかくるいなどをみつけるとすばやくおよぎすると歯がならんだ大きな口でとらえる。 |

2　ふりかえり（KWLシートで整理して）

最初は知っていることが少ししかなかったけど本で調べるとたくさんのことが分かりました。そこで自分の知りたいことが分かったので、放流の日に漁協の人に聞いてみたいと思います。

Ⅰ　課題の設定／つかむ

●実践事例

| ステップ2 | ③ 知識を広げてからテーマを選ぶ |

【習得させたいスキル】共通テーマに対して知識を広げた上で，それぞれのテーマ（調べたいこと・課題）を選ぶことができる。
【学年・教科領域】小学校6年生・総合的な学習の時間
【学習の価値】小学校の総合的な学習の時間では，教員から示された共通テーマをもとに，子どもが自分のテーマを決める場合が多い。高学年になると自分の体験や知識以外のところに自分の知りたいテーマがあるため，知識を広げてからテーマを選ぶ手法を学ぶ。この学習を通して，自分の知識の外からもテーマを選ぶことができるようになる。
【使用する教材】シンキングツール（イメージマップ）

### 学習の流れ（1時間）

 地域学習で行っていたサンゴについての体験学習が終了しました。今後，これから自分が調べていきたいこと（テーマ）を見つけていきましょう。

・真ん中の○に共通テーマのサンゴと書く。
・次に○につながるように，サンゴについて最初に自分が知っていた知識や興味のあった言葉を書く。
・次にサンゴの本の目次を見たり，VTRを視聴したりして新たにわかった知識をつなげて書く（最初に書いた言葉と区別できるように□で囲むとわかりやすい。また，本の目次を参照した場合は，ページも書いておく）。
・友だち同士で，書いたワークシートを見せながら，お互いの考えを伝え合う。友だちの言葉（考え）に自分が興味をもったならば，その言葉も自分のイメージマップに書き入れる。
・関係ある言葉同士を線で結ぶ。
・書き終わったら，自分が興味のあるテーマを選び，大きく○で囲む。

### 評価

VTR，本，パンフレットなどを使って共通テーマに対する自分の知識を広げてから，自分のテーマ（自分の知りたいこと）を見つけることができる。

### 留意点

○自分がもっている知識だけでは共通テーマに対しての言葉が広がらない場合が多い。テーマに対してイメージを広げるために，VTR，関連書籍の目次などを活用するとよい。

**資料**

## 静浦学習　　　「サンゴ学習」

年　　組　　番　名前（　　　　　　　　　　）

1　サンゴについて、もっと追究したいテーマを見つけよう。

**体験して**
- 沼津の海にもサンゴがある
- ごつごつしている
- 枝のような形
- 養殖可能
- かたい
- 折れても育つ
- 呼吸をする
- 持続可能

**予想・調べる前**
- 植物？
- 一種類？
- きれい
- 大きい
- 魚の家になる
- 沖縄

**サンゴ**（中心）

**資料から**
- 役割がある
- 保護されている
- 絶滅危機
- 光合成
- ガンガゼによる被害
- 白化・死亡してしまう
- 生き物
- 台風による被害
- 低水温による被害
- サンゴ（ヒメエダミドリイシ）が無くなると、魚なども死んでしまう
- 1996年、全体の85%（ヒメエダミドリイシ）
- 2012年、全体の5%（ヒメエダミドリイシ）
- 共存が大切

**動画・映像から**
- いろいろな種類がある
- いろいろな色がある
- いろいろな形・大きさがある
- たくさんの種類がある

2　自分の興味あるテーマを選び、○で囲もう。

3　ふりかえり

　私は、今回のサンゴ学習をするまで、サンゴはとくに私たちとは関わりがないだろう、と思っていました。しかし、体験をしてから、サンゴは、私たちが守らなければいけない、と思うようになりました。んの中でサンゴやいろいろな生物、私たち人間との「共存」が大切だということが分かりました。だから、共存をテーマにして、調べていきたいと思います。

Ⅰ　課題の設定／つかむ

● 実践事例

| ステップ3 | ④ 共通のテーマから自分の問いを作る |

> 【習得させたいスキル】共通テーマをもとに，興味のあることの中から自分の問いを見つけることができる。
> 【学年・教科領域】中学校2年生・総合的な学習の時間
> 【学習の価値】学校や学年で設定されている共通テーマから自分のテーマを絞って問いにしていく体験は，テーマ設定の手順を習得することにつながる。
> 【使用する教材】シンキングツール（マンダラート）

**学習の流れ（2時間）**

🕐🕐 調べることの関連知識を探し出しましょう。
・マンダラート（今泉浩晃氏考案）を使い，共通テーマに沿って8つの関連するキーワードを探し出す。

| 障害者 | 高齢者 | 生活保護 |
|---|---|---|
| ホームレス | 学年テーマ<br>福祉 | 地域 |
| ひきこもり | 介護 | 児童 |

🕐🕐 キーワードをもとに，問いをぶつけて論題を探し出しましょう。
・問いを見つけるワークシート（次ページ「資料」参照）にキーワードを当てはめ，テーマ（論題）を探し出す。
・テーマ（論題）は複数作成し，最も興味関心のあるものを選ぶ。

**評 価**

共通テーマから自分のテーマを見つけ，問いの形にすることができる。

**留意点**

○共通テーマから自分のテーマを決めるには，次の2つの手順を踏む（次ページ「資料」参照）。
〈手順1〉調べることの関連用語を探し出す（広げる思考）。
〈手順2〉キーワードに「問いの言葉」をぶつけ，テーマ（論題）を探し出す（絞る思考）。
○マンダラートで8つのキーワードが埋まらないときは，参考図書を使って欠けている用語を補うようにする。

**資 料**

| | ぶつける質問 | 取り出される問いの例 |
|---|---|---|
| 信憑性 | 本当に？ | 介護の問題は本当に生じているのか |
| 定義 | どういう意味？ | そもそも「介護」とは何か／どう定義されているか |
| 時間 | いつから？<br>いつまで？ | いつから介護について言われるようになったのか |
| 空間 | どこで？ | どんな場所で介護の必要性が言われているのか |
| 主体 | だれ？ | だれが介護を担っているのか<br>だれ（どの年代や分野の人々）に対して介護が必要（と言われている）か |
| 経緯 | いかにして？ | どのような過程で介護問題が生じてきたのか（急にか，徐々にか） |
| 様態 | どのように？ | どのような介護問題があるのか |
| 方法 | どうやって？ | どうやって介護サービスを行っているのか |
| 因果 | なぜ？ | 介護問題の原因は何か |
| 比較 | 他ではどうか？ | 日本の介護は他国に比べて遅れているのか |
| 特殊化 | これについては？ | このケースは介護に問題があるためなのか |
| 一般化 | これだけか？ | 介護問題は社会の変化の現れではないか |
| 限定 | すべてそうなのか？ | 市内のすべての介護施設で介護サービスの低下があるのか |
| 当為 | どうすべきか？ | 介護問題にどう対応すべきか |

出所：戸田山和久（2012）『論文の教室　新版』NHK出版，127ページを参考にして筆者作成。

〈「良くない問い」の例〉

・理想の介護とは何か（答えが出ないような大きすぎる問題）
・介護のありかたとは？（答えを出すには広すぎる問題）
・介護についてどう考えているのか（介護の何についての問いなのかが絞られていない問題）
・介護にみんなは満足しているか（調査ができない問題）

〈シンキングツール例〉

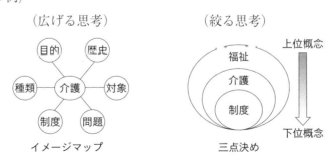

〈思考を可視化するシンキングツール関連書籍〉

桑田てるみ（2011）『5ステップで情報整理！　問題解決スキルノート』明治書院。

黒上晴夫・小島亜華里・泰山裕（2012）『シンキングツール――考えることを教えたい』NPO法人　学習創造フォーラム（インターネットでダウンロードできる）。

塩谷京子（2014）『探究的な学習を支える情報活用スキル』全国学校図書館協議会。

## B 計画を立てる

| | | | |
|---|---|---|---|
| ステップ2 | ⑤ 調べる方法を整理する | 国語・社会・総合 | 小学校5／6年生 |
| ステップ3 | ⑥ 調査計画を立てる | 地理・総合 | 中学校1年生 |

Ⅱ 情報の収集／見通す

## ステップ2 B 計画を立てる
### ⑤ 調べる方法を整理する

国語・社会・総合　小学校5／6年生

### スキルの内容

　情報収集の計画を立てるのは，ステップ2から始まります。計画を立てるためには，それまでに複数の情報収集方法を体験している必要があるからです。子どもは，小学校4年生までに，多くの授業で情報収集方法に出合っています。

　国語科では，百科事典，国語辞典の使い方，目次や索引の使い方，インタビューの仕方やアンケートの作り方を学びます。生活科や理科では観察や実験の仕方を，社会科では見学の仕方を繰り返し学習します。総合的な学習の時間では，教科で学習した情報収集法を使って，情報を集めます。しかし，これらの情報収集の方法は，それぞれが別のものとして子どもに認識されている場合があります。

　これらを，「読んで調べる」「人に聞いて調べる」「実験や観察をして調べる」の3つの方法（図B-1）に整理しておくと，目的に応じて使いたい情報収集方法を選ぶことが可能になります。これが，「調べる方法を整理する」スキルです。

　「読んで調べる」には，図書，雑誌，新聞，年鑑，パンフレット，Webなど，図書館にある資料の多くが含まれます。「人に聞いて調べる」には，インタビューやアンケート，「実験や観察をして調べる」には，実験，観察などが，既習の情報収集方法です。

図B-1　調べる方法

### 指導方法（1）調べる方法を整理する

　まず，子どもに，調べた体験を語ってもらいます。もし，可能ならば，そのときの

写真があると，多くの子どもたちがイメージを共有しやすくなります。教室では，このようなやりとりが行われます。

　　T：今まで，どんなことをどのように調べましたか？
　　C1：3年生の理科の時間にモンシロチョウを飼いました。観察日記をつけました。
　　T：毎日，観察をしたのですね。
　　C2：4年生の国語の時間に，みんなの読書生活についてアンケートをとりました。
　　T：クラスのみんなに聞いたのですね。
　　C3：御嶽山が噴火したときに，新聞やテレビのニュースから情報を集めました。
　　C4：火山について，図書館の本を使って調べたりもしました。

　このようにして子どもの体験を聞きながら，教員は，調べた方法を3カ所に分けて板書します。最後に，「読んで調べる」「人に聞いて調べる」「実験や観察をして調べる」という3つの方法に集約します。

　さらに，教員はいくつかの調べている写真を用意し，「これは，この3つのどの方法でしょう」と，尋ねてみることもできます。

## 指導方法（2）調べる計画を立てる

　調べたいことやテーマが決まったら，次は，調べる計画を立てます。計画を立てないと，Webで調べて終わりとなってしまうこともよくあるからです。

　3つの方法があることを確認した上で，どんな調べ方ができるのかについて意見を出し合います。もちろん，教員から提案することもできます。

　複数の調べ方が見えてきたところで，各自，自分のテーマに沿って，自分が調べたい方法をノートに書き出します（表B-1)。付箋紙に書いてノートに貼ると，並べ替えることもできます。

表B-1　調べる計画を立てたノート

| チェック | 調べたいこと | 調査予定日 |
|---|---|---|
|  |  |  |
|  |  |  |
|  |  |  |
|  |  |  |
|  |  |  |
|  |  |  |
|  |  |  |
|  |  |  |

## 発展　複数の方法で情報収集する意味を考える

　情報収集した後，複数の方法で情報収集した場合と，1つの情報で終わった場合を比較します。複数の方法で情報収集したときに，得た情報が食い違う場に出合うことは，子ども自身にとって驚きの体験です。

　このような体験を経て，子どもは複数の情報源にあたることの大切さを実感し，多様な方法で情報収集する必要性を理解していくのです。

| ステップ3 | B 計画を立てる | | |
|---|---|---|---|
| | ⑥ 調査計画を立てる | 地理・総合 | 中学校1年生 |

## スキルの内容

　　　　子どもから見たときに，小学校と中学校の図書館の大きな違いは何といっても蔵書数でしょう。中学生になると学習内容が広がったり深まったりすることから，教科書の文字数が多くなるなど，読む機会が増えます。目的も，基本情報を知るため，用語の意味を知るため，疑問の解決のため，知りたいことの周辺知識を得るためなど，多様になってきます。課題の設定の後，特に必要になるのが基礎知識の確認とテーマに関する知識を得るために「読んで調べる」ことです。

　小学校では，調べる方法として，「読んで調べる」「人に聞いて調べる」「実験や観察をして調べる」の3つを扱っていました。そのうち「読んで調べる」を「文献調査」「Library Work」と言い換えることもできます。デジタル大辞泉には，「ぶんけん【文献】《「献」は賢人の意》1 昔の制度・文物を知るよりどころとなる記録や言い伝え。文書。2 研究上の参考資料となる文書・書物。」と，書かれています（下線筆者）。小学校のときに読んで調べたときに使った，図書，Web，新聞などが，「文献調査」の対象となります。Web上にある「文書」を読むことから，Webも読んで調べる対象というわけです。

　また，中学生になると「調べる方法」ではなく，「探究方法」という用語を使うこともあります。さらに，「読んで調べる」はLibrary Work（ライブラリーワーク），「人に聞いて調べる」はField Work（フィールドワーク），「実験や観察をして調べる」はLaboratory Work（ラボラトリーワーク）という用語を使う場合もあります。小学生のときに使っていた用語では説明が不十分と感じたときには，言い換えるよい機会です。例えば，「人に聞く」というのはフィールドワークの代表的な調査方法ですが，調査したい場所に出向いたときには，観察してメモすることなども行います。このように，概念を整理しながら用語理解をしていきますので，小学生のときに使っていた用語を言い換えていくことは大切なことです（表B-2）。

　これら3つの方法は，単独で行う場合もあれば，「フィールドワーク」の前に「文献調査」をしておくというように組み合わせて行う場合もあります。「文献調査」は，今後，レポートや論文を書くときに必ず行うものです。手順に沿って方法を理解しておくと役に立ちます。

　なお，本とWebでは，情報の見つけ方が異なります。インターネットでは，検索画面に必要な言葉を入力することで，必要な情報に辿りつくことができますが，本の場合は，まず本を探し，それから本の中の情報に辿りつきます。図書館の中の本に辿

りつくことを 探索 ，見つけた本や Web などから必要な情報を探し出すことを 検索 と言います。

表 B-2　探究方法とその意味

| 調べる方法 | 探究方法 | 探究方法の意味 |
|---|---|---|
| 「読んで調べる」 | Library Work（ライブラリーワーク） | 文献などの知的情報を探索・検索するために，図書館や Web を使用する方法「文献調査」とも言う |
| 「人に聞いて調べる」 | Field Work（フィールドワーク） | 調査したい場所に出向き，観察したり，インタビューしたり，アンケートをとったりする調査方法 |
| 「実験や観察をして調べる」 | Laboratory Work（ラボラトリーワーク） | 室内で行う，実験・観察やシミュレーションなど，限定下における方法 |

中学校において，最初に文献調査が必要になるのは，社会科の地理の授業です。司書教諭や学校司書と社会科の教員が協働で行うことにより，文献調査の意味や目的に加えて，使う文献の場所や使い方も同時に教えることができます。

### 指導方法

文献という言葉は中学校で初めて出てきます。初めて使うときには，漢字の意味を説明したり，既習の用語や意味とつなげたりすることをお勧めします。このような導入の後，文献調査の目的と方法を確認します。文献調査の目的は，テーマに関する知識を得るためです。具体的には，①テーマに関する用語の確認，②最新文献・関連文献の収集，③統計情報の収集をすることが必要になります。目的に対して方法が異なるため，何のために何を使うのかを一覧にして生徒に示す必要があります（表 B-3）。

このように文献調査に関する全体像を見てから，自分のテーマに対して何のために何を使って調べるのかについての計画を立てます。

表 B-3　文献調査の目的と方法

| 目　的 | 方　法 |
|---|---|
| テーマに関する用語の確認のために | ことがらを調べるときに　→百科事典，図鑑，ハンドブック<br>ことばを調べるときに　→国語辞典，漢字辞典，現代用語辞典<br>人物や場所を調べるときに　→人物事典，地図，地名事典 |
| 最新文献や関連文献の収集のために | 最近のできごとを調べるときに　→雑誌，新聞記事<br>地域のことがらを調べるときに　→ファイル資料 |
| 統計情報の収集のために | 1 年間におきたできごとを調べるときに　→年鑑<br>人数や件数などの数値を調べるときに　→統計書<br>政府が公式に発表する報告書の内容を知りたいときに　→白書 |

## まとめ B 計画を立てる
# 発達段階を意識して

　児童生徒がひとりで情報収集の計画を立てることができるために，どんなスモールステップが必要でしょうか。発達段階ごとに整理してみました。
　①多様な調べる方法を体験する（小学校1年生から4年生）
　　図鑑　百科事典　国語辞典　ファイル資料　Web などを使って調べる
　　見学に行き質問をする　アンケートをとる　インタビューをする
　　アサガオなど植物の観察　ザリガニなど動物の観察　実験をする
　②体験した方法を整理し，3つの調べる方法を理解する（小学校4年生から5年生）
　　読んで調べる　人に聞いて調べる　実験や観察をして調べる
　③3つの方法を組み合わせて調べる計画を立てる（小学校高学年）
　④文献調査（Library Work）の目的と方法を理解する（中学校1年生）
　　テーマに関する用語の確認のための方法
　　最新文献や関連文献の収集のための方法
　　統計情報の収集のための方法
　⑤目的に合わせて文献調査の計画を立てる（中学生）
　⑥目的に合わせて「Library Work」「Field Work」「Laboratory Work」を組み合わせた計画を立てる（中学生）

　本書には，理解することを目的とした②と④を示しましたが，この2つの段階の前後には，体験したり，計画を立てたりする多くのスモールステップがあります。
　小学生が理解するためには，事前に体験が必要です。体験を重ねるということは，自分の部屋にものを溜め込むのと似ています。ものが少ないうちは，部屋のあちこちに置いてあっても見つけることが可能ですが，ある程度一杯になると整理する必要が出てきます。散らかった体験を分類して引き出しに入れることで部屋が片づきます。引き出しにラベルを貼ることで，必要なときに引っ張り出しやすくなります。つまり，体験したことの分類を通して，取り出しやすいように整理することができるのです。
　ところが，引き出しに入れっぱなしでは，どこに入れたのかを忘れてしまうこともあるでしょう。他の分類の仕方の方が使いやすいかもしれません。新たな体験や知識を引き出しに加える必要も出てきます。つまり，理解したことを活用できるようになるためには，計画を立てて調べるという場が必要になるのです。
　このように，体験と理解を繰り返しながら，計画を立てる方法が身についていくのです。だからこそ，②と④のような理解する授業をデザインするときには，児童生徒の体験を引き出したり，次から体験できるような資料を提示したりすることが大切です。

| ステップ2 | ⑤ 調べる方法を整理する |

**【習得させたいスキル】** 自分のテーマに対して，適切な調べる方法を選ぶことができる。
**【学年・教科領域】** 小学校5年生・総合的な学習の時間
**【学習の価値】** 小学校高学年になると，調べる方法をいくつか組み合わせるようになるため，調べる前に計画を立てる必要が出てくる。調べる計画を立てるには，「読んで調べる」「人に聞いて調べる」「実験や観察をして調べる」の3つの調べる方法があることを知っておくと，テーマに対してどのような方法で調べたらよいのかを選ぶときに役立つ。
**【使用する教材】** 子どもは，図書館の本で調べたり，見学やインタビューをするなど，今までの学習を通して様々な調べ方を体験している。このようなとき，写真やそのときに使用した教科書などを用意し，調べた方法を思い出すのに使用する。

### 学習の流れ（1時間）

 写真を見ながら今までどのようにして調べたのかを思い出してみましょう。

・写真をもとに，どのようにして調べたのかを発表する。

　①農家へ田植え見学に行った写真を見て，田植え体験をさせてもらったことや，質問したこと。

　②4年生のときに，クラスの読書生活について調べるためにアンケートを作ったこと。

　③自分の県の人口を年鑑やインターネットで調べたこと。

　④琵琶湖にいる魚の種類を，パンフレットで調べたこと。

　⑤メダカの卵がどのように成長していくのかを観察したこと。

　⑥点字を発明したルイ・ブライユについて人物事典で調べたこと。

・他に，どのようにして調べたことがあるのかを発表する。

・様々な調べ方を，「読んで調べる」③④⑥，「人に聞いて調べる」①②，「実験や観察をして調べる」⑤の3つの調べ方に分類する。

・自分のテーマに対し，適切な調べ方をいくつか選ぶ。

### 評　価

選んだ調べる方法について，理由を説明することができる。

### 留意点

○調べる方法を一覧表にし，調べ終わったらチェックをすると計画と実行が同時に把握できる。

Ⅱ 情報の収集／見通す　●実践事例

| ステップ3 | **⑥ 調査計画を立てる** |

> **【習得させたいスキル】** 仮説を検証するために文献を使った調査計画を立てることができる。
> **【学年・教科領域】** 中学校1年生・地理
> **【学習の価値】**「世界のさまざまな地域の調査」の単元では,調査テーマ決め,テーマに対する予想(仮説)を立ててから調査計画を立てる(今回は文献調査に絞る)。この学習を通して,仮説を検証するための文献調査の手法を習得することができる。
> **【使用する教材】** ワークシート

### 学習の流れ(1時間)

 稲作に対して,各自で立てた仮説を検証するためには何を調べればよいのでしょうか。調べたいデータを集め,どういう順で調べたらよいのかを考えましょう。

・調査テーマとテーマに対する予想(仮説)を確認する。
・仮説を検証するためには,どんなこと(調べたいデータ)を,何を使って調べたらよいのかを話し合う。

| 調べたいデータ | 使用する図書館資料 |
|---|---|
| 世界の気温と降水量 | 『世界国勢図会』 |
| 米作りの盛んな国 | 『世界地理』 |
| 韓国の食文化 | 『韓国まるごと大百科』 |

・目次や索引から,自分の調べたいデータが載っているかどうか確認する。
・ワークシートに書名,発行所名,ページなどを記録する。

### 評価

テーマに対する予想(仮説)を検証するために,適切な文献を選ぶことができる。

### 留意点

○「世界のさまざまな地域の調査」では,「韓国の食文化の背景」など,国を絞って調査する場合と「米作りの盛んな地域は,どのようなところだろうか?」と1つの国に絞らずに調査する場合がある。後者の場合は,仮説を検証するために,何のデータが必要なのかについて考えておく必要があるため,事前に調べたいデータがのっている図書館資料を用意しておく。
○「インターネットを使って情報を集める」場合は,実践事例の⑰,⑱(76~79ページ)を参考にする。

**資料**

| 調査テーマ ||
|---|---|
| アジアの農業 〜 人々の食生活と気候 〜 ||
| わたしの予想 | 調査方法 |
| 〈仮説①〉<br>・農作物は、気候によって作られるものがちがうだろう。<br>〈調査にあたって〉<br>・その地域の気候と、栽培される農作物の条件を重ねることにより、作られる農作物が明らかになるだろう。<br>・季節風などの影響があるであろう。<br>〈仮説②〉<br>・その土地ならではの食生活があるだろう。<br>〈調査にあたって〉<br>・その国や地域で食べられている料理と、とれる農作物を関連づけることで、その土地ならではの食生活がわかるだろう。 | ・『世界の地理8』(学研) P5 から、中国や東南アジアの農作物を調べる。<br><br>・『世界の地理1』(学研) P12 から、栽培される農作物の条件を調べ、共通点や関連性を考える。<br><br>・地図帳の世界の気候から降水量や気候について調べ、その土地で栽培される農作物との関連性を考える。<br><br>・その土地ならではの料理を『行ってみたいな みんな国 こんな国 アジア』(岩崎書店) P26-P31 から調べ、栽培されている農作物との関連を考える。 |

・本のもくじから、自分の調べたいページを見つけ、その中から、自分が調べたい課題や、仮説に適した情報があると分かった。これから、これらの情報をもとに、仮説を検証していきたい。

II 情報の収集／見通す

● 実践事例

## Ⅱ 情報の収集／集める

### C 探索する

|  | | | |
|---|---|---|---|
| ステップ1 | ⑦ 読みたい本の場所を知る | 国語・学活 | 小学校1／2年生 |
| ステップ1 | ⑧ 日本十進分類法（NDC）を知る | 国語・学活 | 小学校3／4年生 |
| ステップ2 | ⑨ 参考図書を使う | 国語・社会 | 小学校5／6年生 |
| ステップ3 | ⑩ メディアの種類や特徴を知る | 国語・総合 | 中学校1年生 |
| ステップ3 | ⑪ 使用するメディアを目的に応じて選ぶ | 地理 | 中学校2年生 |

### D 事典・辞典を引く

|  | | | |
|---|---|---|---|
| ステップ1 | ⑫ 百科事典を引く | 国語 | 小学校3／4年生 |
| ステップ3 | ⑬ 事典・辞典を使いこなす | 国語 | 中学校1年生 |

### E 目次・索引を使う

|  | | | |
|---|---|---|---|
| ステップ1 | ⑭ 目次・索引を使う | 国語・社会・理科・総合 | 小学校3／4年生 |
| ステップ3 | ⑮ 見当をつけて情報・資料を探す | 国語・地理・社会 | 中学校1年生 |

### F インターネットを使う

|  | | | |
|---|---|---|---|
| ステップ1 | ⑯ キーボードを使う | 国語・総合 | 小学校3／4年生 |
| ステップ2 | ⑰ インターネットを使って情報を集める | 国語・社会・総合 | 小学校5／6年生 |
| ステップ3 | ⑱ インターネットのよりよい利用について考える | 道徳 | 中学校2年生 |

### G 地域に出て調査をする

|  | | | |
|---|---|---|---|
| ステップ1 | ⑲ アンケートを作る | 国語・社会・総合 | 小学校3／4年生 |
| ステップ2 | ⑳ インタビューをする | 国語・社会・総合 | 小学校5／6年生 |
| ステップ3 | ㉑ 目的に応じたアンケートを作成する | 国語 | 中学校1年生 |
| ステップ3 | ㉒ 目的に応じたインタビューを行う | 国語 | 中学校2年生 |

ステップ1　C 探索する

## ⑦ 読みたい本の場所を知る

国語・学活　　小学校1／2年生

### スキルの内容

　　小学生にとって、図書館は広い場所です。1年生にとって、使わない本も数多くあります。1年生が知りたいのは、自分が好きな本がどこにあり、どのように借りて返すかということです。ですから、そこに絞った指導をします。

　　小学校1年生は、図書館の本を借りたくてわくわくしています。入学直後の4月は学校図書館オリエンテーションに適しています。初めて図書館に来て、借り方と返し方を学ぶ授業では、1回で借り方と返し方の両方を覚えるのは難しいので、借りることを学ぶ日と返すことを学ぶ日を変えて授業を行った方が無理がありません。ひとりで図書館に行くようになるまでは、教員が毎日図書館へ子どもを連れて行くと習慣になります。

### 指導方法

　　図書館に興味津々の1年生ですので、すぐに借りたりせずに、図書館の楽しさを感じさせる導入を行います。例えば、特徴的な本を数冊紹介します。物語が好きではない子どももいることを想定して、生き物の絵本も入れておきましょう。読み聞かせも大好きです。大型絵本があれば、その中から選ぶとインパクトがあります。図書館を見回しながら、「何が見えたかな」と尋ねます。1年生は「みつけっこ」が大好きです。発言を生かしながら、これは「カウンター」というように、図書館にあるものの名前を教えます。もし、学校司書の方がいる図書館でしたら、「学校司書の○○さん」と紹介しましょう。

　　図書館に慣れたところで、1年生が好きな本のそばにみんなで移動します。1年生が借りる本の多くは絵本です。また、昆虫や動物などの自然科学の本も大好きです。そこで、本の表紙を見せながら、本を見る時間を作ります。好きな本が見つかったら、机のところにもっていきます。見終わったらもとの場所に返します。忘れてしまうことも多いので、教員が手助けしましょう。

　　最後に、カウンターで本を借ります。データベース化されている学校と、貸し出しカードに記入する学校があります。学校に合ったルールを教えましょう。本を借りたら、並んで教室にもどります。家に持ち帰って読み、翌日学校にもってきます。

　　翌日です。本を持って図書館に来ます。まずは、返し方を学びます。返したら、次に借りたい本を探して借りましょう。昨日学習したことのおさらいです。このようにして、数日繰り返すと、ひとりで図書館に行って本を借りたり返したりすることができるようになります。1年生の習慣は、ずっと続きますので大切にしたいものです。

ステップ1　C 探索する

# ⑧ 日本十進分類法（NDC）を知る

国語・学活　小学校3／4年生

## スキルの内容

中学年になると，自分が好きな本を探すだけでなく，調べ学習の本を探しに図書館に来る機会が増えます。そこで必要なのが，社会科や理科で使う本を探す方法を身につけることです。多くの学校図書館は，日本十進分類法（NDC）という分類方法を用いています（図C-1，表C-1）。図書館の本は，NDCという一定の方法に沿ってまとまりごとに分類されているので，この分類の意味を学ぶ必要が出てきます。

図C-1　日本十進分類の掲示例

年度当初のオリエンテーション，もしくは，社会科や理科で調べ学習をする直前などで，よく行われています。

## 指導方法（1）本の背ラベルに書かれていること

背ラベルは3段に分かれており，

上段　分類記号　NDC
中段　図書記号　著者名（塩谷京子は，「シ」と表示）
下段　巻冊記号　シリーズものの巻数や年次（年度）

これらをまとめて，請求記号と言います（図C-2）。

図C-2　請求記号

## 指導方法（2）日本十進分類法（NDC）の仕組み

NDCは，日本国内の図書館で広く使われている分類法です。アラビア数字0から9を用いて，資料情報の主題によって分類記号を与える方法であり，2次区分，3次区分と細分化することでより詳細に主題を表していきます。0から9の番号は，「3類：社会科学」「4類：自然科学」というように，10に分けられています。4類の自然科学の本が増えてくると，もっと細かく分けないと探すのが大変です。そこで，41数学　42物理学　43化学　44天文学というように細かくしていきます。44の天文学の本がさらに多いときには，444太陽　445惑星　446月というように細かくします。読み方は，446（よんよんろく）と読みます。

## 指導方法（3）3類や4類の本を読んでみよう

分類の仕組みはわかったとしても，社会科や理科の授業が始まったばかりの3年生には，「3類：社会科学」や「4類：自然科学」の本を手にしたことのない子どもも

39

います。そこで，授業後，「3類の本を読む週」などとネーミングして集中的に書架に出向く時間を作ったり，「図書館クイズ」といって，あらかじめ作成した問いの答えが書かれている本はどの類になるのかを予想して探したりするなど，本を手に取る時間を設けるとよいでしょう。

表 C-1　日本十進分類法（NDC）区分表

| 0　総記 General works | 1　哲学 Philosophy | 2　歴史 History |
|---|---|---|
| 01　図書館．図書館情報学 | 11　哲学各論 | 21　日本史 |
| 02　図書．書誌学 | 12　東洋思想 | 22　アジア史．東洋史 |
| 03　百科事典．用語索引 | 13　西洋哲学 | 23　ヨーロッパ史．西洋史 |
| 04　一般論文集．一般講演集．雑著 | 14　心理学 | 24　アフリカ史 |
| 05　逐次刊行物．一般年鑑 | 15　倫理学．道徳 | 25　北アメリカ史 |
| 06　団体．博物館 | 16　宗教 | 26　南アメリカ史 |
| 07　ジャーナリズム．新聞 | 17　神道 | 27　オセアニア史．両極地方史 |
| 08　叢書．全集．選集 | 18　仏教 | 28　伝記 |
| 09　貴重書．郷土資料．その他の特別コレクション | 19　キリスト教．ユダヤ教 | 29　地理．地誌．紀行 |
| 3　社会科学 Social sciences | 4　自然科学 Natural sciences | 5　技術．工学 Technology |
| 31　政治 | 41　数学 | 51　建設工学．土木工事 |
| 32　法律 | 42　物理学 | 52　建築学 |
| 33　経済 | 43　化学 | 53　機械工学．原子力工学 |
| 34　財政 | 44　天文学．宇宙科学 | 54　電気工学 |
| 35　統計 | 45　地球科学．地学 | 55　海洋工学．船舶工学．兵器．軍事工学 |
| 36　社会 | 46　生物科学．一般生物学 | 56　金属工学．鉱山工学 |
| 37　教育 | 47　植物学 | 57　化学工業 |
| 38　風俗習慣．民俗学．民族学 | 48　動物学 | 58　製造工業 |
| 39　国防．軍事 | 49　医学．薬学 | 59　家政学．生活科学 |
| 6　産業 Industry | 7　芸術．美術 The arts | 8　言語 Language |
| 61　農業 | 71　彫刻．オブジェ | 81　日本語 |
| 62　園芸．造園 | 72　絵画．書．書道 | 82　中国語．その他の東洋の諸言語 |
| 63　蚕糸業 | 73　版画．印章．篆刻．印譜 | 83　英語 |
| 64　畜産業．獣医学 | 74　写真．印刷 | 84　ドイツ語．その他のゲルマン諸語 |
| 65　林業．狩猟 | 75　工芸 | 85　フランス語．プロバンス語 |
| 66　水産業 | 76　音楽．舞踊．バレエ | 86　スペイン語．ポルトガル語 |
| 67　商業 | 77　演劇．映画．大衆芸能 | 87　イタリア語．その他のロマンス諸語 |
| 68　運輸．交通．観光事業 | 78　スポーツ．体育 | 88　ロシア語．その他のスラブ諸語 |
| 69　通信事業 | 79　諸芸．娯楽 | 89　その他の諸言語 |
| 9　文学 Literature | | |
| 91　日本文学 | | |
| 92　中国文学．その他の東洋文学 | | |
| 93　英米文学 | | |
| 94　ドイツ文学．その他のゲルマン文学 | | |
| 95　フランス文学．プロバンス文学 | | |
| 96　スペイン文学．ポルトガル文学 | | |
| 97　イタリア文学．その他のロマンス文学 | | |
| 98　ロシア．ソビエト文学．その他のスラブ文学 | | |
| 99　その他の諸言語文学 | | |

## C 探索する

## ステップ2 ⑨ 参考図書を使う

| | 国語・社会 | 小学校5／6年生 |

### スキルの内容

　　　学校図書館には，多くの図書や資料があります。それらは，利用者である児童生徒や教員が使いやすいように分類されています。分類の仕方は，児童生徒の年齢，蔵書数などにより異なります。小学校の高学年になると，社会科では産業の学習が始まることから，中学年までに使った百科事典，図鑑，地図に加えて，年鑑や統計書を使うようになります。これらの図書は，自分の調べたいことやテーマの基本情報を知る上で使う頻度が高いことから，参考図書（レファレンスブック）とも言われます。参考図書に対して一般図書があり，最近では小学校の図書館でも，参考図書と一般図書を分けて配架されるところが増えてきました。参考図書にはどういうものがあるのか，どのように使い分けるのかなどを理解することで，目的に応じて本を選ぶことができるようになります。

　　　参考図書の使い方については，社会科で統計情報を扱いたい単元に組み入れると，社会科の学習内容と連動して指導することができます。図書館で授業をすると，統計書や年鑑などの統計情報を収集するときに必要な図書の使い方だけでなく，図書館における参考図書の位置，他の参考図書との違いなども合わせて学ぶことができます。

### 指導方法（1）参考図書を使う目的

　　　小学生が参考図書を使う目的は，大きく2つあります。

　　　①テーマや調べたいことに関する用語の確認のため，②統計情報の収集のためです。高学年で新たに使い始めるのが後者です。

　　　現在発売されている統計情報の収集用の本に，『日本のすがた』（公益財団法人矢野恒太記念会），『朝日ジュニア学習年鑑』（朝日新聞出版）などがあります。

図C-3
現在発売されている小学生が使える統計書と年鑑

### 指導方法（2）統計書と年鑑の使い方

　　　まず，目次を見て，どんな分野のことが書かれているのかを把握します。

　　　次に，統計情報（データ）はグラフや表で表されていることが多いことから，データには変化する量とほとんど変化しない量があることを確認します。

　　　例えば，都道府県の面積はほとんど変化しないけれども，人口は刻々と変化します。静岡県の人口を知りたいときは，どうしたらよいのでしょうか。

II 情報の収集／集める

41

①何かを調べるときには,「ことがら」の意味を調べるために百科事典を引きます。

②百科事典には人口の意味に加えて,どのようにして人口を調べるのかが書かれていることに気づきます。百科事典には,国勢調査という用語が出てきます。

③百科事典で国勢調査を引きます。5年に一度の全国調査であることがわかります。「うちの妹は人数に入っている」「転校してきた友だちは,まだ入っていない」「今年は国勢調査の年だ」などと,子どもがつぶやき始めます。人口が,身近に感じられてきた証拠です。

④そこで,静岡県の人口を調べてみます。子どもは,人口が載っていそうな本を,探してきます。ところが,本によって人口が若干異なるのです。

　その理由として,調査した時が異なることに,子どもが気づきます。より新しい情報であることを見つける方法として,表やグラフには何をもとにした情報なのかの記載があることを学びます。その日付を比べれば,より新しい情報を手に入れることができるのです。また,本の奥付を見る方法があります。奥付には本の発行年月日が書かれています。発行年月日よりも新しい情報を本に記載することはできないからです。

　もうひとつの理由として,データをそのまま記載しているものと概数で表しているものがあります。また,表には,千,万などを省略した数値が記載されていることも多く,その場合は,表の右上などに,「単位：千人」というような表記がされています。このような数値の読み方も,しっかりとおさえましょう。

## 発展　目的に応じた参考図書の使い方

統計書や年鑑の使い方がわかったところで,目的によってどの参考図書を使うのかを整理します。

①テーマに関する用語の確認のため（小学校中学年で学習済み）

　「ことがら」を調べるときに　→百科事典（オンライン百科事典）,図鑑,ハンドブック

　「ことば」を調べるときに　→国語辞典,漢字辞典,現代用語辞典

　人物を調べるときに　→人物事典

　場所を調べるときに　→地図,地名事典

②統計情報の収集のため（小学校高学年で新たに学ぶ）

　1年間に起きたできごとを調べるときに　→年鑑

　人数や件数などの数値を調べるときに　→統計書

　政府が公式に発表する報告書の内容を知りたいときに　→白書

学校によって,参考図書のコーナーがある場合とない場合があります。コーナーがない場合は,参考図書をブックトラックなどに集めると,一覧できて便利です。

ステップ3 C 探索する

## ⑩ メディアの種類や特徴を知る

| 国語・総合 | 中学校1年生 |

### スキルの内容

　中学校1年生の生徒は，Web，図書，新聞など，既に多くのメディアに出合っています。今まで何気なく使っていたそれぞれのメディアには，長所や短所があります。メディアの種類や特徴を知ることで，目的に応じて使い分けることができるようになります。

　そこで，目的に合わせて多様なメディアを使い分ける体験を意図的に設定します。目的を意識するようになる中学生において，この体験はメディアを使い分ける糸口となるからです。目的に応じて，Web，図書，新聞などの使い分けを実感させたいことから，タイムリーな話題を用いてこの授業が実施されれば理想的です。多様なメディアを日常的に活用することを通して，メディアの使い分けができるようになりますので，タイムリーな話題があったときに国語科や総合的な学習の時間において行うと効果的です。

### 指導方法

　オリンピック，ノーベル賞，世界遺産などの世界的な話題，災害，消費税などの国内の話題など，Web，図書，新聞のいずれにも取り上げられている事柄を選びます。話題に対して，どのメディアで調べるのが適切なのかを考え，選びます。メディアごとに長所と短所を整理し，全体で共有します（表C-2）。

表C-2　メディアの種類と特徴

| メディア | 長　所 | 短　所 |
| --- | --- | --- |
| Web | ・キーワードを入力するだけで調べられるので簡単である<br>・大まかなことを知るには便利である | ・情報が多すぎる<br>・全部読むのが大変である<br>・信頼性が低い情報もある |
| 図　書 | ・情報が正確である | ・新しい情報は載っていない<br>・誰かに借りられていて図書がない場合もある |
| 新　聞 | ・今の情報が載っている<br>・地域の情報も載っている<br>・写真や地図，表などもある | ・新聞記者の意図が見出しなどに表れていることを承知して読む必要がある |

Ⅱ　情報の収集／集める

| ステップ3 | C 探索する |  |  |
|---|---|---|---|
|  | ⑪ 使用するメディアを目的に応じて選ぶ | 地理 | 中学校2年生 |

## ■ スキルの内容

　　　中学校2年生の地理において、地域のことなどを調べるときに、どこへ行けば必要な情報を集められるのかを学びます。生徒がまず使うのが学校図書館です。

　　中学校の図書館は、小学校の図書館と比べて参考図書が充実しています。参考図書の中でも、統計書や年鑑が、より詳しく調べることに対応できるようになっています。小学校のときに使った『日本のすがた』『朝日ジュニア学習年鑑』に加え、『日本国勢図会』『データでみる県勢』が図書館に置かれている場合が多くあります。そこで、それらの目次や索引を使いながら、目的に応じたデータを見つけることがねらいです。

## ■ 指導方法（1）目次からデータのあるページを予想する

　　　『日本国勢図会』『データでみる県勢』の目次の中からデータのありそうなところを予想することができるようになることがねらいです。「日本の人口の推移」「メロンの主要生産地」などのように地域にあった課題から始めると予想しやすくなります。

図 C-4　データ集の例

　　なお、限られた時間の中で行う授業では、個人持ちの社会科資料集がよく使われます。一般に普及しているデータ集の使い方を知るスキルは、社会科資料集を持たなくなったときに生かされます。

## ■ 指導方法（2）文献の場所

　　より詳しい資料を集めたいときには、学校図書館だけでは不十分です。自分たちの地域では、どんな資料をどんな場所で集めることができるのかを整理しておくと、広い範囲から資料を集めることが可能になります（表C-3）。

表 C-3　文献のある場所とそこで集められる文献

| 文献のある場所 | 集められる文献 |
|---|---|
| 学校図書館 | 学校の歴史，県史，市史，地域の昔話 |
| 公共図書館 | 広報誌，経済白書，農業白書，古文書，県史，市史，町村史 |
| 博物館 | 地域の遺跡から発掘されたもの，写真やパネル |
| 市役所（区役所） | 市勢要覧，都市計画図，住宅地図，防災マップ |
| 観光協会 | 観光マップ，観光パンフレット |

**C** 探索する

# 発達段階を意識して

「探索する」とは,必要なデータが載っている資料を見つける(手に取る)ことです。学年が上がるにつれ,より広い範囲からのより詳細なデータが必要になります。そのようなデータが載っている資料を見つけることができるようになるまでには,どのようなスモールステップがあるのでしょうか。中学生から順に遡ってみましょう。

①中学校2年生は,学校も含め,市内のどんな場所にどんな資料があるのかを知っています。必要な資料に合わせて,探すために出かける場所を選ぶことができます。学校から一歩外に出て,資料を収集することは,今後生徒が違う地域や国で生活したり学習したり働いたりするときのベースにもなるでしょう。また,学校の図書館では,参考図書のうちの『日本国勢図会』『データでみる県勢』を使えるようになります。参考図書の何を使えば,テーマや調べたいことに関する用語の確認や,統計情報の収集ができるのかがわかっています。『世界国勢図会』を使うことで,日本国内だけでなく世界の今も知ることができます。このように,必要な情報を入手するための場所や,資料を探すための基本的な知識が揃うのが中学校2年生です。

②中学校にもなると,生徒は情報収集のときにWebをよく使います。簡単で便利だからです。情報収集するときのメディアには,日常的によく使うWebの他に,小学校のときに使ってきた図書,そして,新しい情報を得るときに使う新聞があることを学びます。ひとつのメディア一辺倒ではなく,それぞれに長所と短所があることを認識し,目的に応じてメディアを使い分けることができるようになります。

③小学校の高学年になると,社会科で日本や世界のことを学びます。調べたいことに関する用語の確認や統計情報の収集のために使う百科事典,国語辞典,統計書,年鑑などを総称して「参考図書」と言い,学校によっては他の一般図書と区別して配架されている図書館もあります。参考図書のうちの,統計書,年鑑の使い方を学び,目的に応じて必要な参考図書を選び出すことができるようになります。

④小学校の中学年になると,社会科や理科の授業が始まります。図書館の本は,日本十進分類法(NDC)という方法で,まとまりごとに並べられていることを学びます。必要な本を探すための目印として使われている,3類の社会科学 4類の自然科学といった言葉がわかるようになります。

⑤入学したばかりの小学校1年生にとって,図書館は行ってみたい場所のひとつです。みんなで使う場所である図書館には,本を借りたり返したりする約束があります。約束を守ることで,学校図書館を使えるようになります。

Ⅱ 情報の収集/集める

## ステップ1  ⑦ 読みたい本の場所を知る

【習得させたいスキル】自分の好きな本の場所を知り，本を借りることができる。
【学年・教科領域】小学校1年生・学級活動
【学習の価値】子どもが学校探検で学校図書館の存在を知り，本を借りてみたいと思っている時期に合わせて図書館へ行き，借り方を学ぶ。この学習を通して，自分で本を借りることができるようになる。
【使用する教材】読み聞かせの絵本，ワークシート，読書の記録

### 学習の流れ（1時間）

 学校図書館の中から好きな本を選んで，借りましょう。

・学校図書館の中を見渡して，カウンター，パソコン，バーコードリーダー，本のパネルサインなど見つけたものを発表する。
・絵本ルーム（または，読み聞かせが聞ける場所）で，教員の読み聞かせを聞く。

参考　初めて図書館へ行ったときに読み聞かせしたい本

| 書　名 | 作　者 | 出版社 |
|---|---|---|
| 『コッケモーモー』 | ジュリエット・ダラス＝コンテ | 徳間書店 |
| 『うえきばちです』 | 川端誠 | BL出版 |
| 『ねえ，どれがいい？』 | ジョン・バーニンガム | 評論社 |

・お話の絵本がある場所と科学の絵本がある場所を知り，そこから好きな本を1冊ずつ2冊持ってくる。
・本の借り方（貸し出しカードと本に貼ってあるバーコードの向きを揃えて，「借ります」と言う）を知り，カウンターで本を借りる。

### 評　価

学校図書館の中にある自分の好きな本のある場所や，本の借り方がわかる。

### 留意点

○学校司書がいる場合は，「図書館のお仕事をしてくれる司書の○○さん」と紹介する。読み聞かせをお願いしておいてもよい。
○蔵書がバーコード化されていない場合は，自校の貸し出し方法で行う。
○借りることと返すことを一度に扱うと子どもが混乱するので，返し方は別の日に設定する。

**資料**

①ワークシート

> としょかんでほんをかりよう
>
> 1　としょかんにあるものをさがそう。
>   ・カウンター　・ぬいぐるみ　・パソコンとバーコードリーダー　・ポスター
>
> 2　ほんをかりてみましょう。
>
>   ・ほんは，ひとり　　2　　さつ　かりられます。
>
>   ・ほんは　　7　　にち　かりられます。
>
>   このようにかしだしカードと
>   ほんをならべてかります。

②読書記録

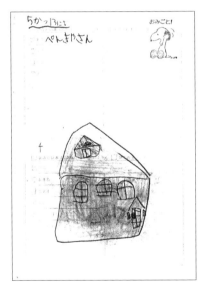

1年生　1学期の記録

2年生　1学期の記録

○読書記録の書名や借りた日などは，「読んでから書く」のではなく，「借りたら書く」にすると，「読んだのに書かずに返却してしまった」ことがなくなる。

## ステップ1　⑧ 日本十進分類法（NDC）を知る

【習得させたいスキル】学校図書館の本は，本の内容によって仲間ごとに並べられていることを知り，自分の知りたい内容の本を借りることができる。

【学年・教科領域】小学校3年生・国語

【学習の価値】3年生になって理科や社会科が始まると，調べたいことを知るために図書館で本を探す必要が出てくる。図書館の本は内容によって分類されていることの理解は，必要な本を自分で探すための基本的な知識となる。

【使用する教材】日本十進分類法区分表（図書館に掲示してあるもの），ワークシート

### 学習の流れ（1時間）

 3年生になって学習する理科や社会科の本を探してみましょう。

- 3年生から始まった理科や社会科で使う本が図書館のどの場所にあるか探し，3と4のパネルサインを見つける。
- グループで分担し，4（算数・理科）の「本の内容」に合った本をもってくる。
  （算数，星，恐竜，植物，動物，体）
- もってきた本のまとまりが「算数・理科」の本であるということを知る。
- グループで分担し，3（社会）の「本の内容」に合った本をもってくる。
  （災害，昔の人の暮らし，行事の由来，仕事）
- もってきた本のまとまりが「社会」の本であるということを知る。
- 図書館に掲示してある「日本十進分類法区分表」を見て，図書館の本は，「本の内容」によって仲間ごとに分けられていることを確認する。

### 評　価

日本十進分類法（NDC）の仕組みと意味を知り，理科や社会科の本がどこに配架されているかを理解し，必要な本を探すことができる。

### 留意点

○読書の記録に分類番号を書く欄がある場合は，本の背ラベル（＝請求記号）の分類番号の最初の数字（486の場合は，4）を書くように指導する。

〈請求記号〉

| ④86 | ←分類記号 |
|---|---|
| ア | ←図書記号 |
| 1 | ←巻冊記号 |

**資 料**

社会や理科で使う本を探してみよう

名前（　　　　　　　　　　　　）

1　グループで、次の内容が書かれている本を持ってきましょう。

| 内容 | 書名 |
|---|---|
| 算数 | 『数と計算』④10 |
| 星 | 『星空ウォッチング』④70 |
| きょうりゅう | 『ずかん ネオきょうりゅう』④40 |
| 動物 | 『どうぶつ』④80 |
| 植物 | 『はなとやさい・くだもの』④70 |
| からだ | 『からだの中』④91 |

持ってきた本のなかまの名前

　自ぜん科学（4）

2　グループで、次の内容が書かれている本を持ってきましょう。

| 内容 | 書名 |
|---|---|
| さいがい | 『もしもじしんがおこったら』③69 |
| 行事のゆらい | 『七ふくじんとおしょうがつ』③86 |
| しごと | 『かんどうする仕事！泣ける仕事！』③66 |
| むかしのくらし | 『むかしのくらし』③82 |

持ってきた本のなかまの名前

　しゃかいかがく（3）

3　ふりかえり

わたしは、りかとしゃかいの本があるばしょがさいしょは、しらなかったけど、今日のじゅぎょうをやって本をさがしたから、何がどこに おいてあるかわかりました。こんど社会かりかがあるときに使ってみたいです。

Ⅱ　情報の収集／集める

● 実践事例

49

## ステップ2　⑨ 参考図書を使う

【習得させたいスキル】自分が知りたい情報は，国語辞典，百科事典，年鑑，統計，地図のうちのどの「参考図書」を使えば適切に調べられるのかがわかる。

【学年・教科領域】小学校5年生・社会

【学習の価値】参考図書のうち国語辞典や百科事典の使い方については，小学校中学年ですでに学んでいる。新たに年鑑の存在と使い方を知ることを通して，使用できる参考図書が増えることになる。

【使用する教材】教育・ジュニア編集部編（2016）『朝日ジュニア学習年鑑 2016』朝日新聞出版，ワークシート

### 学習の流れ（1時間）

- 5年生の社会科では，私たちの国土について学びます。これからたくさん出てくる「知りたいこと」は，何を使えば調べられるのでしょうか。
・3つの調べ方（読んで調べる，人に聞いて調べる，実験や観察をして調べる）があることを思い出す。
・「読んで調べる」ときに何を使ったのかを発表する。
　　図書，Web，新聞など
・図書にはどういうものがあるのかを，図書館を見渡して探す。
　　参考図書：百科事典，辞書，年鑑，統計，地図など
　　一般図書：0～9類に分類してある図書
・参考図書にはどういう本があるのかを図書館で探す。
　　（年鑑と統計は使い方を学んでいないことを確認する）
・『朝日ジュニア学習年鑑』の目次を見て，何が書かれている本なのかを理解する。
　　「キッズミニ百科」と「統計編（日本大図鑑と世界大図鑑）」に分かれている。
・「キッズミニ百科」の中で興味をもった内容を書く。
・「統計編（日本大図鑑）」の中で，興味をもった内容を目次から探して調べる。
・「統計編（世界大図鑑）」の中で，興味をもった内容を目次から探して調べる。
・教科書ワーク（次ページ「資料」参照）を年鑑で調べて書く。

> ・沖縄へ来る観光客は何人だろうか。
> ・お米を食べる量は，減っているのだろうか。
> ・川上村でレタス栽培は盛んだが，長野県のレタス生産量は1位だろうか。

**評価**

統計や年鑑の目次や索引を使い，必要な情報を得ることができる。

**留意点**

○小学生が使う『朝日ジュニア学習年鑑』や『日本のすがた』は，毎年出版されている。必要に応じて複本で購入しておくとよい。

○年鑑は，5年生の早い時期に指導しておくと，社会科や総合的な学習の時間などで興味をもって使うことができる。

**資料**

Ⅱ 情報の収集／集める ● 実践事例

1 学習年鑑の目次を見て、何が書かれている本か考えよう。

年鑑の意味 その年のできごと 統計などを集めて 1年に1回発行する本

目次 キッズミニ百科, 統計(日本大図かん, 世界大図かん)

2 キッズミニ百科の中で興味を持った内容を書こう。

| 内容 | 興味を持ったこと |
|---|---|
| 世界遺産40 | 長さ40km、幅最大30kmの谷 |

3 統計編の中で興味を持った内容を書こう。

| 内容 | 興味を持ったこと |
|---|---|
| 世界記録生年月日記録 P205 | 陸上の100mで U.ボルトが 9秒58 |

4 世界大図鑑の中で興味を持った国と内容を書こう。

| 国 | 興味を持ったこと事がら |
|---|---|
| スリランカ | お茶の生産量は世界4位 |

5 教科書ワーク（目次や索引を使って調べよう。）

| 問い | 目次・索引 | ページ | 答え |
|---|---|---|---|
| 沖縄へ来る観光客は何人だろうか。 | さ 沖縄 | 128 | 約638万人 |
| 日本人が食べるお米の量は減っているのだろうか。 | 目 米 | 148 | 減っている |
| 長野県の川上村でレタス栽培は盛んだが、長野県のレタス生産量は1位だろうか。 | 目 野菜工芸作物など | 149 | 1位・20.06% |

参考にした資料

| 書名 | 朝日ジュニア学習年鑑2015 |
|---|---|
| 発行所 | 朝日新聞出版 |
| 発行年 | 2015年3月30日 |
| 著（編集） | 朝日新聞出版教育・ジュニア編集部 |

ふりかえり

朝日ジュニア年かんでは、世界のことや日本のことを知れて 世界遺産のことや、世界のスポーツ記録などが分かってこの本は役立つ便利な本だと思った。これからも朝日ジュニア年かんで分からないことを調べたい。目次でしらべると 分かりやすく手間がかからなかった。

## ステップ3　⑩ メディアの種類や特徴を知る

【習得させたいスキル】図書，新聞，インターネットを目的に応じて使い分けることができるようにするために，それぞれのメディアの特徴を理解する。
【学年・教科領域】中学校1年生・総合的な学習の時間
【学習の価値】メディアのもつ特徴を理解することは，メディアを目的に応じて使い分けることの判断要素となる。
【使用する教材】生徒が調べるために使用する参考図書や新聞

### 学習の流れ（1時間）

- 何か知りたいことがあったとき，どんなものから情報を見つけますか。次の事柄について知りたいときに，どのメディアを使うか考えましょう。
・世界遺産，AKB48，ディズニーランドの混雑度，日本の米の生産高，地下鉄サリン事件，地域のイベント情報など，どのメディアで調べるとよいか考える。
・実際に調べてみる。
・それぞれのメディアの特徴についてまとめる。

| 図　書 | 情報が正確である | 既に起きたことを調べたり，過去のデータを知りたいとき | 世界遺産，米の生産高，地下鉄サリン事件 |
|---|---|---|---|
| 新　聞 | ニュースが新しい　地域の情報がある | 地域の事柄や，現在起こっている事柄を知りたいとき | 地域のイベント |
| インターネット | 多くの情報をすぐに集めることができる | 施設や道路の混雑など今の状況を知りたいとき | AKB48，ディズニーランドの混雑度 |

・目的に応じて使い分けることを知る。

### 評　価

知りたいこととメディアの特徴を関連づけて，目的に応じたメディアを選択することができる。

### 留意点

○インターネットで調べる際は，検索の仕方や用語によって，ヒットする情報や件数が違うことに気づかせたい。
○参考文献には，公式サイトのような出所が確かなものを使うように伝える。
○生徒が調べるために使用する参考図書や新聞は，あらかじめ準備しておく。
○中学校2年生国語科教科書「メディアと上手に付き合うために・池上彰」（光村図書出版，56ページ）の後に，メディアごとの特性を生かして調べる学習がある。

ステップ3　**⑪ 使用するメディアを目的に応じて選ぶ**

【習得させたいスキル】資料を目的に応じて選び、自分に必要な情報を見つけることができる。
【学年・教科領域】中学校2年生・地理
【学習の価値】地理の「身近な地域の調査」の単元では、自分でテーマに対する答えを探す必要があるため、使用するメディアも自分で選ばなければならない。身近な地域の調査に適した新たなメディアの存在を知ることは、情報を得るための選択肢が広がることにつながる。
【使用する教材】公益財団法人矢野恒太記念会編（2015）『日本国勢図会』、公益財団法人矢野恒太記念会編（2015）『データでみる県勢』、ワークシート

#### 学習の流れ（1時間）

- 身近な地域の調査をするために、各自のテーマが決まりました。テーマに沿った調べたいことについて、どのようなメディアが必要か考え、必要な情報を見つけましょう。
- ・今までに調べたことのあるメディアについて、何を調べるときに使ったか想起する。

| インターネット | 米の生産量（農林水産省） |
|---|---|
| ＴＶ | 韓国の食文化（「韓国グルメレポート」） |
| 新　聞 | 持続可能な社会を作る（○○新聞） |
| 本 | 日本の伝統工芸（『伝統工芸』） |
| パンフレットなど | 旅行パンフレット（ヨーロッパ） |

- ・身近な地域の調査では、どのようなメディアが必要か考える。
- ・県や市の情報が載っている参考図書（『日本国勢図会』や『データでみる県勢』）を見て、知りたい情報のページを探す練習をする。
  　「電子書籍の普及で、静岡県の本屋は減っているのだろうか」など
- ・自分の調べたいことについて、欲しい資料を考え、目次から探す。

#### 評　価

知りたい情報をどのように見つけたかについて、説明することができる。

#### 留意点

○『日本国勢図会』や『データでみる県勢』は、統計資料なので毎年発行される。その年度のものを一度に複本で購入するのが難しい場合は、過年度のものなどを使用することもできる。

**資料**

「身近な地域の調査」

年　　組　　番　名前（　　　　　　　）

1　自分の調べるテーマを書きましょう。

静岡県では野菜がどの県とくらべてどれくらいとれるのだろうか？

2　テーマを解決する本を探しましょう。

| 書名 | 出版社・出版年 | 著（編） | 特徴 |
|---|---|---|---|
| 日本国勢図会 (2015/16) | 矢野恒太記念会 2015年 | 公益財団法人 矢野恒太記念会 | 「日本」のことについて詳しく知りたい時に使える。 |
| 県勢（2015） | 矢野恒太記念会 2014年 | 〃 | 「県」のことについて詳しく知りたい時に使える。 |

3　自分の調べたいことについて、本を使って調べてみよう。

| 書名 | 県勢 |
|---|---|
| 調べたいこと | 静岡県では野菜がどの県とくらべてどれくらいとれるのだろうか？ |
| 欲しい資料 | 静岡県の野菜の収穫量 |
| 総目次 | 農作物 P185 |
| 府県別統計 | 4-14 地域特産野菜の収穫量 P193 |

4　ふりかえり
　　　　　　　セロリ　2位　20％
　　　　　　　エシャレット　〃　33％
　　　　　　　メロン　6位　5.5％
　　　　　　　いちご　4位　6.9％

初めて、日本国勢図会と県勢を見て難しいと思ったけど

幅広い情報が沢山のっていておもしろかった！

自分の調べたい内容によって、どちらを使うか
　判断するといいと思いました。

# D 事典・辞典を引く

## ステップ1 ⑫ 百科事典を引く

国語　小学校3/4年生

### ■ スキルの内容

　社会科・理科の授業が始まり，語彙が増え，知的好奇心が増す時期に，子どもの手助けとなるのが百科事典です。百科事典の長所は，最初の1行目に定義が書いてあることです。2行目以降は，必要な情報がコンパクトに説明されており，「ことがら」の概念を描く助けとなります。「『生物』ってどうやって説明したらいいの？」「『ユニバーサルデザイン』って何？」「『ハンバーガー』ってどういうものか決まりがあるの？」という様々な疑問に，コンパクトに答えてくれるのが百科事典です。小学校中学年では，百科事典を引く2つの方法を学びます。

### ■ 指導方法　引き方（1）「背」「つめ」「柱」の順で引く

① 「背表紙」を見て，引きたい言葉のはじめの文字が載っている巻を探します。

② 「つめ」を見て，引きたい言葉の頭から2番目の文字が載っている辺りに手の爪を立て，百科事典を開きます。

③ 「開いたページの上にある柱」を見て，引きたい「ことがら」は，今開いたページの後ろなのか前なのかを判断し，ページをめくっていくと辿りつきます。

II 情報の収集／集める

図 D-1　背・つめ・柱の順で百科事典を引く方法

55

## 指導方法　引き方（2）　総索引を使って引く

　百科事典には，各巻の最後に索引のみが書かれている巻があります。それを総索引と言います。総索引では，知りたい「ことがら」が掲載されている巻とページだけでなく，関連する「ことがら」の掲載巻とページも記載されています。

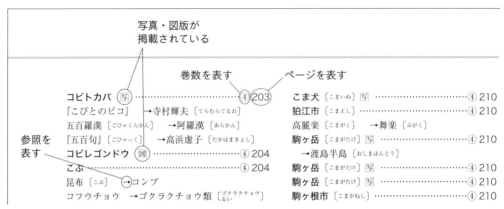

図 D-2　総索引を使って百科事典を引く方法

　このような方法を国語科で学習した後，「百科事典クイズ（図書館クイズとも言う）」という活動を入れると，百科事典を引く楽しさを味わうことができます。あらかじめ，小さいカードに「問題」を作成しておきます。この問題の回答は，百科事典を引けばわかるように作成します。初級は1行目の定義に答えがあるもの，上級は2行目以下に書かれている内容というように，レベル分けをしておくと，発達段階や習得度によって使い分けることができます。

　解答用紙には，「項目」「問題」「答え」「掲載巻」「ページ」を記入できるように作成します（表D-1）。カードをもらったら，子どもは解答用紙の問題欄に記入します。「項目」を予想して，回答が載っていそうな巻を探します。「背」「つめ」「柱」の順，または総索引で回答を探し，答えと百科事典の巻数，ページを記入します。

表 D-1　百科事典クイズの解答用紙の例

| 百科事典で調べよう　　　　　　　　　　　月　　日 |
| 年　組　番　名前（　　　　　　） |

| | こうもく | 巻数 | ページ | 問題 | こたえ |
|---|---|---|---|---|---|
| 1 | | | | | |
| 2 | | | | | |
| 3 | | | | | |
| 4 | | | | | |
| 5 | | | | | |

百科事典クイズの問題例（『総合百科事典ポプラディア』を使用する場合）は，以下のように作成して図書館に置いておくと，いつでも使うことができます。

表 D-2　百科事典クイズの作成例

| | 項目 | 巻数 | ページ | 問題 | こたえ |
|---|---|---|---|---|---|
| 1 | インスタントラーメン | 1 | 285 / 251 | 日本で1958（昭和33）年に売りだされたインスタントラーメンは？ | チキンラーメン |
| 2 | クロワッサン | 3 | 341 / 257 | クロワッサンは何のかたちをかたどってつくった？ | トルコの国旗にある三日月 |
| 3 | ステーキ | 6 | 56 / 52 | ステーキの焼き方は？ | レア，ミディアムレア，ミディアム，ウェルダン |
| 4 | とうふ | 7 | 240 / 216 | とうふの種類は？ | 木綿豆腐，絹ごし豆腐 |
| 5 | ポップコーン | 10 / 9 | 62 / 206 | ポップコーンが日本で売りだされたのはいつ？ | 1950年代の後半 |
| 6 | アイスクリーム | 1 | 23 / 19 | 日本ではじめてアイスクリームが発売されたところは？ | 横浜 |
| 7 | エクレア | 2 | 81 / 20 | エクレアはフランス語でどういう意味？ | いなずま |
| 8 | ギョーザ | 3 | 235 / 159 | ギョーザの3通りの食べ方は？ | 焼きギョーザ，水ギョーザ，蒸しギョーザ |
| 9 | せんちゃ | 6 | 169 / 160 | せんちゃの主な産地は？ | 静岡県，鹿児島県，埼玉県 |
| 10 | ラムネ | 11 / 10 | 125 / 175 | ラムネの栓（せん）は何をつかっている？ | ビー玉 |
| 11 | エルマーのぼうけん | 2 | 120 / 52 | 「エルマーのぼうけん」の続編は？ | 「エルマーとりゅう」「エルマーと16ぴきのりゅう」 |
| 12 | おおきなかぶ | 2 | 152 / 81 | 「おおきなかぶ」のお話の中にでてくるかけ声は？ | 「うんとこしょ，どっこいしょ」 |
| 13 | クマのプーさん | 3 | 303 / 224 | クマのプーさんの友だちの名前は？ | クリストファー＝ロビン |
| 14 | スーホのしろいうま | 6 | 34 / 31 | 「スーホのしろいうま」のお話にでてくるモンゴルの楽器は？ | 馬頭琴（ばとうきん） |
| 15 | まじょのたっきゅうびん | 10 / 9 | 106 / 248 | 「まじょのたっきゅうびん」にでてくる女の子と黒猫の名前は？ | キキとジジ |
| 16 | いっすんぼうし | 1 | 230 / 202 | いっすんぼうしは何の舟に乗っていた？ | おわん |
| 17 | かちかちやま | 3 / 2 | 12 / 260 | どうして「かちかちやま」という題名がつけられた？ | ウサギが火打ち石を打つ音からつけられた |
| 18 | さるかにかっせん | 4 | 325 / 238 | 「さるかにかっせん」でさるとかにがひろったものは？ | さる→かきの種 かに→にぎり飯 |
| 19 | したきりすずめ | 5 | 69 / 60 | 「したきりすずめ」でおじいさんとおばあさんのつづらの中は？ | おじいさん→宝物 おばあさん→化け物 |
| 20 | ちからたろう | 7 | 18 / 15 | 「ちからたろう」のお話の男の子の人形は何でつくった？ | おじいさんとおばあさんのからだのあか |
| 21 | 井戸 | 1 | 233 / 206 | 日本では何時代の遺跡から井戸が発見された？ | 弥生時代 |
| 22 | 風 | 2 | 346 / 252 | 風は何によって発生する？ | 気圧の高低差 |
| 23 | コンビニエンスストア | 4 | 240 / 165 | 商品の売れ行きや在庫を管理する方法は？ | POSシステム |
| 24 | じしゃく | 5 | 50 / 43 | じしゃくの両端は？ | 磁極（N極，S極） |
| 25 | 水 | 10 / 9 | 164 / 300 | 水はヒトの重量のどのくらいを占めている？ | 70パーセント前後 |
| 26 | オリオンざ | 2 | 237 / 153 | オリオン座の由来は？ | ギリシャ神話の狩人オリオン |
| 27 | かげ | 2 | 321 / 231 | 輪郭（りんかく）のはっきりしたかげは？ | 本影（ほんえい） |
| 28 | 神社 | 5 | 273 / 245 | 神社はもともとは何をまつっていた？ | 氏神（うじがみ） |
| 29 | 虫めがね | 10 | 222 / 13 | どうして虫めがねとよばれるか？ | 筒の中に虫などを入れて観察したことから |
| 30 | アルコールランプ | 1 | 154 / 134 | 火を消すときはどこからふたをかぶせる？ | 横 |
| 31 | 温泉 | 2 | 248 / 164 | 温泉地に何日間かとどまって病気を治すことは何？ | 湯治（とうじ） |
| 32 | 公園 | 4 | 71 / 11 | 日本の公園をはじめて作った人はだれ？ | 徳川吉宗 |
| 33 | てんびん | 7 | 202 / 184 | てんびんはいつごろから使われている？ | 紀元前3000年ごろ |
| 34 | 豆電球 | 10 / 9 | 131 / 271 | 豆電球の電圧は何V（ボルト）？ | 1.5Vや3.5Vなど |

（ページ：上段→『総合百科事典ポプラディア』の新版ページ，下段→旧版のページ）

## D 事典・辞典を引く

### ⑬ 事典・辞典を使いこなす　　国語　中学校1年生

ステップ3

### ▍スキルの内容

　中学校1年生になるまでに，生徒は事典や辞典に触れています。触れているとはいえ，生徒によって経験値が異なります。そこで，今までに使用した事典や辞典を取り上げ，それぞれの特徴を整理します。そうすることにより，目的に応じて使い分けができることを学びます。

　事典や辞典は各教科等の学習で使用するため，入学後，できるだけ早い時期にこのスキルを習得する授業を設定します。各教科等で使うことを前提としていることから，中学校生活全体を見渡して学習や行事で使う身近な「用語」を探しておきます。授業では，どの「用語」はどの事典や辞典を使うのが適切なのかを，その理由も含めて考えるようにします。

### ▍指導方法

　中学校では，目的に応じて使い分けることをねらいとしていますので，「何を（目的）調べるのか」と「何で調べるのか」をつなげるようにします。

　「何を調べるのか」については，「ことがら」と「ことば」の違いを確認します。辞典には，「ことば」の意味や使い方が幾つかに分けて書いてありますが，事典は「ことがら」の定義をもとに概念が理解できるように書いてあります。事典・辞典はいずれも「じてん」と読むことから，「事典」は「ことてん」，「辞典」は「ことばてん」と言って区別できるような言い方もされています。「何で調べるのか」については，事典・辞典を実際に手に取ると，興味をもつようになります。

　　　「ことがら」→事典→ 百科事典
　　　「ことば」　→辞典→ 日本語 　国語辞典，漢字辞典，類語辞典，ことわざ辞典
　　　　　　　　　　　　　　　　　　外来語辞典など
　　　　　　　　　　　　 外国語 　英和辞典，和英辞典など
　　　　　　　　　　　　 その他 　現代用語辞典など

　事典・辞典には，紙媒体だけでなくインターネットでアクセスできるものもあります。インターネット上には，無料のものもありますが，学校を対象に有料のものも発売されています。無料のオンライン百科事典である「Wikipedia」は，検索した場合，一番上に出てくることが多いことから，生徒だけでなく大人にも日常的に使われています。そこで，どういうときには便利で，どういうときには適していないのかを考える時間も必要です。

## D 事典・辞典を引く

## まとめ 発達段階を意識して

　小学校では，事典や辞典に初めて出合います。折りに触れ，事典や辞典を引くことを通して，それぞれの使い方を覚えることがねらいです。中学校になると，目的に応じて，使い分けることが学習のねらいとなります。

　小学校での指導は，初めて出合う百科事典に対して，「おもしろい」「引いてみたい」と子どもが思うような仕掛けが必要です。

　例えば，「背」「つめ」「柱」の順で引くことを知ったら，「『アンパンマン』って，百科事典にのっているかな」と，投げかけてみます。子どもは，「のっているよ！ 百科だから何でものっていると思うな」「のっていないよ！ マンガだもの」と口々に答えてきます。そこで，「では，引いてみましょう」と言いながら，手順に沿って引いていきます。アンパンマンの絵を見つけると，「あった!!」と言いながらも，「ぼくの好きなサッカーのっているかな」「野球はどうかなあ」と，自分の知りたい「ことがら」が浮かんできます。そこで，すかさず「知りたいことがらを引いてみましょう」と声をかけます。そうすると，子どもは集中して引き始めます。

　このように，小学校3年生では，方法を教えた後，子どもの興味関心を促す学習活動の設定が必要です。

　一方，中学生は，事典と辞典という枠組みが理解できたならば，多様な辞典があることに興味をもちます。類語辞典，現代用語辞典，ことわざ事典なども，図書館に揃えておきましょう。また，国語辞典については，中学生用だけでなく，広辞苑（岩波書店），大辞泉（小学館），大辞林（三省堂）など，さらに細かく知りたいときにも対応できるような揃え方が必要です。我が国最大の国語辞典は，日本国語大辞典（小学館）です。現在第2版で，全14巻，およそ50万項目の言葉が載っています（図D-3）。こういう辞典の存在を知るだけでも，子どもは驚きます。事典については，オンライン百科事典の存在にも目を向けていくと，目的に応じた使い方を意識するきっかけになります。

　事典や辞典を引くことは，「ことがら」の概念を形成したり，「ことば」の意味を理解したりする機会を得ることにつながります。このような環境を整えることは，大人の仕事です。

図D-3　日本国語大辞典第2版（小学館）

Ⅱ　情報の収集／集める

### ステップ1　⑫ 百科事典を引く

【習得させたいスキル】百科事典の引き方の手順を理解する。
【学年・教科領域】小学校３年生・国語
【学習の価値】百科事典は，最初の一文に定義が示され，その後の解説文も短い文章で簡潔に説明してある。そのため，社会科，理科，総合的な学習の時間が始まる小学校３年生が調べるときに便利な図書である。百科事典の引き方を知っていることは，今後，知りたいことの定義やことがらの全体像をつかむときに役立つ。
【使用する教材】秋山仁他監修『総合百科事典ポプラディア』ポプラ社，ワークシート

#### 学習の流れ（２時間）

🕐 百科事典の引き方を知り，項目を引いてみましょう。
・国語辞典と百科事典の違いを知る。

| 国語辞典 | 辞＝ことば　ことばの意味を知る。 |
|---|---|
| 百科事典 | 事＝ことがら　ことがらの意味を知る。 |

・国語辞典の引き方を確認する。（つめ　柱　見出し語）
・百科事典の引き方（背　つめ　柱）の３つのステップ（本書55ページ参照）を使って，「かいけつゾロリ」をグループで引いてみる。
・ワークシート「百科事典を引いてみよう」に載っている項目をグループで引き，巻数とページを記録する。

🕐 百科事典を使って，百科事典クイズに答えてみましょう。
・項目の最初の一文に書いてあるのが，定義だと知る。
・百科事典クイズNo.1（次ページ「資料」参照）の項目を引き，最初の一文の定義を読んで答えを書く。

#### 評　価
百科事典クイズの問題に答えることができる。

#### 留意点
○最初に引く言葉は，「かいけつゾロリ」「アンパンマン」など，子どもが親しんでいる見出し語にすると，より興味を引く。
○百科事典の引き方を知ることに加えて，百科事典を引く活動を設定することにより，主体的に「ことがら」の意味を調べるようになる。

○百科事典クイズは，解説文を最後まで読まないと答えが出ないものも使っておき，子どもの実態に合わせて使用する。

**資料**

百科事典を引いてみよう

年　組　番　名前（　　　　　　　　　　　）

1　4つのステップを使って、次の項目を引いてみよう。（グループ）

|  | 項目（こうもく） | 巻数 | ページ |
|---|---|---|---|
| 1 | 教科書 | 3 | 213 |
| 2 | 国立競技場 | 4 | 158 |
| 3 | オペラ | 2 | 228 |
| 4 | 新幹線 | 5 | 259 |
| 5 | セイヨウタンポポ | 6 | 116 |
| 6 | ハムスター | 8 | 260 |
| 7 | チャーハン | 7 | 54 |
| 8 | ボランティア活動 | 10 | 70 |
| 9 | ンゴマ | 11 | 256 |
| 10 | 一輪車 | 1 | 227 |

2　百科事典クイズ No.1　次のこうもくを引いて、クイズに答えよう。
※ヒント一行目の定義を読めば分かる問題です。

|  | こうもく | 巻数 | ページ | 問題 | こたえ |
|---|---|---|---|---|---|
| 1 | アルコールランプ | 1 | 154 | アルコールランプの燃料は？ | メチルアルコール |
| 2 | 温泉 | 2 | 248 | 温泉はどこからわき出てくる？ | 地下 |
| 3 | 公園 | 4 | 71 | 公園は人が何をするためにつくられた広場？ | 遊んだり、休んだりするため |
| 4 | てんびん | 7 | 202 | てんびんは何の原理を利用した道具？ | てこ |
| 5 | 豆電球 | 10 | 131 | 豆電球はおもに何につかわれている？ | かい中でんとうや自転車等のライト |

アルコールランプ＝見出し語　→　項目
説明してある文　＝解説文

3　ふりかえり

百科じてんをひいて見て、国語じてんとにていてかんたんにしらべられたのでじゅん番をおぼえられば使えました。百科じてんがひけるようになったので、これからそう合、理科、社会でしらべる時に使いたいです。

# ステップ3　⑬ 事典・辞典を使いこなす

【習得させたいスキル】百科事典と辞書の違いを考え，課題や目的に応じて使い分けることができる。

【学年・教科領域】中学校1年生・国語

【学習の価値】事典と辞典の課題や目的による使い方の違いを理解することにより，予想を立てて参考図書を選ぶことができるようになる。

【使用する教材】朝日新聞出版編（2016）『朝日ジュニア学習年鑑』，今泉忠明他監修（2010）『学研の図鑑 動物のくらし』学研，現代用語検定協会監修（2009）『現代用語の基礎知識学習版』自由国民社，長澤規矩也他編（2005）『新明解漢和辞典』三省堂，秋山仁他監修（2006）『総合百科事典ポプラディア』ポプラ社，ワークシート

## 学習の流れ（1時間）

○「国語辞典」「漢和辞典」「百科事典」「年鑑」は何を調べる参考図書でしょうか。

・中学校1年生国語科教科書（光村図書出版，22～23ページ）などを使って，それぞれの参考図書の使用目的を確認する。

・これらの参考図書を使いこなして，グループで分担して問題を5問解く。

> 1　マッコウクジラと人間の大きさを比較しよう。（学研の図鑑）
> 2　「国際捕鯨委員会」の意味を調べよう。（現代用語の基礎知識学習版）
> 3　絶滅危惧種に「クジラ」はいるのか。（朝日ジュニア学習年鑑）
> 4　「鯨」を使った熟語を調べよう。（新明解漢和辞典）
> 5　「クジラ」の体のつくりを調べよう。（総合百科事典ポプラディア）

## 評　価

予想を立てて適切な事典・辞典を選び，知りたいことの答えを導くことができる。

## 留意点

○それぞれの参考図書の違い

　国語辞典…語句の意味や使い方，漢字での書き表し方などを調べることができる。

　漢和辞典…漢字の読み方・成り立ち・意味などのほか，その漢字を使った熟語の意味や読み方を調べることができる。

　百科事典…物事の全体像をつかむことができる。すべての調べ学習の初めに使うよう指導する。

　年鑑…様々な事柄について，1年間の調査・統計・解説などを収録してあるもの。

○事典・辞典のどちらを使う方が適切かについて，調べる前にグループで話し合い予想を立てる時間を設ける（次ページ「資料」参照）。

**資　料**

### 調べる　　教科書P.22～23

○ 次の問題に対して、どんな事典や辞典を使ったらよいでしょうか。

1　マッコウクジラと人間の大きさを比較しよう。
・予想　　図鑑
→ 結果 ○　（○×で記入・×は下に参考図書を）
・答え　マッコウクジラは人間の　　13　　倍
人間を1.6mとして おおよそで計算しよう

2　「国際捕鯨委員会」の意味を調べよう。
・予想　　百科事典
→ 結果 ×　（○×で記入・×は下に参考図書を）
・答え　1948年に発効した国際捕鯨取締条約に基づき設立された鯨類調査についての研究を進める国際機関

用語事典

3　絶滅危惧種に「クジラ」はいるのか。
・予想　　図鑑
→ 結果 ×　（○×で記入・×は下に参考図書を）
・答え　シロナガスクジラ
いるのであれば名前を記入

学習年鑑

4　「鯨」を使った熟語を調べよう。
・予想　　漢和辞典
→ 結果 ○　（○×で記入・×は下に参考図書を）
・答え　鯨鳥
2つ記入

5　「クジラ」の体のつくりを調べよう。
・予想　　図鑑
→ 結果 ×　（○×で記入・×は下に参考図書を）
・答え　（ハクジラの絵を簡単に記入）背びれ／尾びれ／胸びれ／うね／口

百科事典

### わかったこと

・私たちの予想はおそかったけど、協力できてよかった。
・調べ物は、いろいろありそれぞれに得意分野があることが分かった。
いろいろな事典・辞典を使い分けていけばどのような調べ物もすばやく調べられるようになると思う。

Ⅱ　情報の収集／集める

● 実践事例

| ステップ1 | E 目次・索引を使う | | |
|---|---|---|---|
| | **⑭ 目次・索引を使う** | 国語・社会・理科・総合 | 小学校3／4年生 |

## ▌スキルの内容

　ここでは，知りたいページに辿りつく方法として目次・索引があることを学びます。
　本には，目次・索引があり，いずれの方法でも知りたいページに辿りつけます。しかし，目次・索引には異なる点がいくつかあります。目次は本の最初にあり，その本の全体像を見るのに役立ちます。知りたいことが全体の中のどこの部分にあるのかを見つけたいときには，目次を使うと見つけやすいのです。索引は本の最後にあり，その本に書かれている用語が50音順に並んでいます。知りたい用語がある場合は，索引を使うとダイレクトにそのページに行きつくことができるのです。

## ▌指導方法

　授業で図鑑を使うようになったときが，最もタイムリーです。3年生ですと，理科でモンシロチョウをはじめとした昆虫を調べるときに，よく図鑑が使われます。2年生の生活科でも図鑑を使います。また，2年生の後半に目次の使い方が記載されている教科書もあります。目次・索引を一度に扱わず，学年をまたいでも構いません。
　まず準備です。図鑑を1人1冊もしくは，2人に1冊ずつ，子どもが同じ方向から目次を眺め，手に触れられる状態にして目次・索引の授業を進めることが大切です。
　次は，ウォーミングアップです。目次は，だいたい見開き2ページに収められています。2ページのレイアウトも子どもの視界に入るように工夫されています。とはいえ，子どもの視野は狭いので，なかなか見開き2ページ全体を眺めることができません。また，興味があることのみを見ようとしますので，他が目に入りません。そこで，授業では，目次全体を視野に入れる練習をします。例えば，「目次には，いくつのまとまりがありますか」と尋ねると，子どもは2ページ全体を見ながら順番に数え始めます。
　ここまでできたら，興味のある言葉を，目次と索引の両方を使って探してみます。全員が同じ図鑑を持つことは不可能ですので，それぞれ知りたいと思う「ことがら」を調べるようにします。子どもによって，目次の方が探しやすい子と，索引の方が探しやすい子がいます。目次・索引を使いこなせるようになるのは，もう少し学年が進んでからですので，目次・索引の使いやすいほうを使って「あった！」「見つかった！」という体験を重ねるようにします。この過程を通らないと，子どもは何歳になっても目次・索引を使わず，ページをぺらぺらとめくりながら，「見つかった！」「のっていない」という探し方をするのです。

**ステップ3** **E** 目次・索引を使う

## ⑮ 見当をつけて情報・資料を探す

| 国語・地理・総合 | 中学校1年生 |

### ■スキルの内容

　中学生になると，調べる図書が多様化します。本のタイトルから受ける印象と目次の内容が異なる場面に出合います。物語や小説と違って，調べるために本の全部を読むことはほとんどなくなります。どこから読むのかを決めたり，読む必要のある部分を探したりするために，目次を読みながら本の構成や展開を把握するスキルが必要になるのです。

　このように目次をもとに見当をつけて情報・資料を探すスキルは，本で調べるときに必ず必要になります。入学後，なるべく早い時期に行うとよいでしょう。国語科でよく扱われますが，地理ではすぐに調べることが始まりますので，「事典・辞典を使いこなす」など，他のスキルと合わせて指導するのも効果的です。

### ■指導方法

　目次は多様な使い方ができます。そこで，どういう目的が想定されるのかを洗い出してみることで使い方がイメージできるようになります。知りたいことがあって本を手に取るときの目的は大きく2つに分けられます。誰かに伝えることが前提の場合と，個人的に知りたいだけの場合です。さらに目的を細分化していきます。

〈誰かに伝えることが前提の場合〉

　テーマを決めるとき →自分の知識や経験に加え，関連図書の目次を見ながらイメージマップに興味のあるキーワードを書き加えていく。そうすると，広がった中から調べてみたいことを探すことができる。

　テーマで使った用語の概念を知りたいとき →目次で全体を把握してから，テーマで使っている用語について関連図書の索引を使って調べる。筆者ごとの共通点や相違点を見つけることができる。

〈個人的に知りたいだけの場合〉

　知りたいことが書いてあるところから読みたいとき →目次を読み，知りたいところを探す。その部分だけを読む。

　筆者の展開に沿って読みたいとき →目次を読み，全体の構成や展開を把握した上で，はじめから読む。

Ⅱ 情報の収集／集める

**まとめ　E　目次・索引を使う**

# 発達段階を意識して

　目次・索引は，人類が生み出した知恵です。調べるための本を読むときには，人類の知恵をぜひ使っていきたいものです。

　目次・索引が生みだされたことにより，1冊の本に詰まっている莫大な情報の中から必要な情報へと効率よく辿りつくことができるようになりました。必要な情報に辿りつくことを検索と言います。インターネットの中にある莫大な情報の中から必要な情報を見つけるときにも検索と言います。今や当たり前のように使っているインターネットの検索技術も，はるか昔から使われている本の目次・索引も，必要な情報に辿りつくための技であることには変わりありません。

　中学生には，膨大な情報の中から必要な情報を見つけることが，人類にとっていかに重要なことであるのかを，インターネット検索をも含めた視点で目次・索引を扱う方が自然です。はるか昔は，巻物に情報を残していたのですから，探すのも大変なことですし，一度開いたら巻いてもとに戻すのも容易なことではなかったはずです。このような点も含めて，目次・索引の素晴らしさを今の中学生に伝えてほしいものです。

　さて，小学校ではどうでしょうか。このところ，いくつかの分野にわたっている内容が1冊にまとめられている本に出合います。何類の書架に置こうか迷うことが，しばしばあります。例えば地震といえば科学のメカニズムを示してあることから4類でしたが，今では社会問題としてとらえているため3類の内容が組み込まれています。人の体は4類ですが，心のことは1類です。心と体を1冊にまとめられている本もあります。つまり，目次を見て初めて内容が把握できる図書が増えてきているのです。

　最近では，目次という用語が2年生から出てくる教科書にも出合います。生活科の授業で図鑑をよく使うことから，目次を使って知りたいページに手際よく辿りつくスキルが必要になってきているのです。

　その一方で，小学生は好きな分野の本をぺらぺらとめくりながら眺めるのも好きです。特に何かを調べる目的があるわけではありません。ゆったりした時間の中で，好きな世界に浸っています。目次・索引は，探すことが目的になったときに，一気にその威力を発揮します。探そうとしていない子どもには，ねこに小判というわけです。

　したがって，探すという大前提に立って，目次・索引の使い方の学習をしないと，子どもにはかえってめんどうなものに映る可能性があります。発達段階や，子どもの興味などを考慮して，授業場面を設定することが重要です。

## ステップ1  ⑭ 目次・索引を使う

【習得させたいスキル】目次・索引の役割と違いを知り，図鑑の使い方を身につけて自分に必要な情報を調べることができる。

【学年・教科領域】小学校3年生・理科

【学習の価値】実際に見て調べられない昆虫について知るために，昆虫図鑑の目次・索引を使って，自分の知りたい情報を得る方法を学ぶ。目次・索引の使い方を知ることにより，その本に情報が載っているかが判断できるようになる。

【使用する教材】『図鑑NEO　昆虫』小学館，『昆虫』ポプラ社，ワークシート

### 学習の流れ（1時間）

 自分の興味ある昆虫の体のつくりを本で調べましょう。

・興味のある昆虫について実物で調べられないときには，どのようにして調べればよいかを考える。
・図鑑を見て，昆虫のページを早く見つける方法として，目次と索引があることに気づく。
・目次と索引の違うところを考える。

|  | 目　次 | 索　引 |
| --- | --- | --- |
| 場　所 | ・本の前の方にある | ・本の後ろの方にある |
| 書いてある順序 | ・本に書いてあるページ順 | ・項目の50音順 |
| その他 | ・内容のまとまりごとに分けられている | ・ページがたくさん載っている項目もある |

・複数ページが載っている索引や，前見返し・後ろ見返しなどを確認する。
・調べた昆虫をワークシートに記入する。

### 評　価

いろいろな昆虫の体のつくりなどについて，その特徴について目次と索引を使って調べることができる。

### 留意点

○各教科などの学習において継続して目次・索引を使い，本に載っている情報の全体を見るときは目次を，調べたい情報（言葉）がわかっているときには索引を，というように，使い分けができるようにしたい。

**資　料**

①ワークシート

春の動物<br>名前（　　　　　　　　　　）

・こん虫が、どのように育って、成虫になるか、本で調べよう。

　表には、○か×をつけます。

| | たまご | よう虫 | さなぎ | 成虫 | 使った本の題名 |
|---|---|---|---|---|---|
| バッタ | ○ | ○ | × | ○ | こんちゅう |
| トンボ | ○ | ○ | × | ○ | こんちゅう |
| チョウ | ○ | ○ | ○ | ○ | こんちゅう |
| セミ | ○ | ○ | ○ | ○ | こんちゅう |
| カブトムシ | ○ | ○ | ○ | ○ | こんちゅう |

②索引に複数ページが書かれている例

| 一番多く載っている情報ページが太字になっている場合 |
|---|
| モンシロチョウ　　63, **72**, 232 |

『昆虫』（ポプラ社）

この場合，72ページの情報が一番多い。

| 一番多く載っている情報ページが最初に書かれている場合 |
|---|
| カラスアゲハ　　　118, 8 |

『昆虫』（小学館）

この場合，118ページの情報が一番多い。

③索引にページ以外の情報が書かれている例

| マダガスカルオオコオロギ　前見返し |
|---|
| アゲハ　　　　110, 後ろ見返し |

『昆虫』（小学館）

← 前見返しは，表紙を開けてすぐの見開きページ

← 後ろ見返しは，裏表紙を開けてすぐの見開きページ

## ステップ3　⑮ 見当をつけて情報・資料を探す

【習得させたいスキル】見当をつけて必要な情報を探すために，目次を使うことができる。
【学年・教科領域】中学校1年生・総合的な学習の時間
【学習の価値】自分の課題に対して必要な情報を自分で探そうとするとき，まずテーマから本を探し，次に目次を使って見当をつけながら必要な情報を探すという手順を経る。このような手順を体験することを通して，ひとりで情報・資料を探すことができるようになる。
【使用する教材】神山潤監修（2008）『睡眠がよくわかる事典』PHP研究所，こどもくらぶ編（2014）『①すいみんのひみつをさぐろう！』岩崎書店，こどもくらぶ編（2014）『②すいみん不足だとどうなるの？』岩崎書店，こどもくらぶ編（2014）『③これでバッチリ！　みんなのすいみん』岩崎書店

### 学習の流れ（1時間）

「学校保健委員会　～早寝早起きはいのちのリズム～」に向けて，自分の生活実態調査を1週間行いました。結果（実態）から，調べてみたいことを決め，本から必要な資料を探しましょう。

・1週間の生活習慣アンケート結果から，自分の実態をつかむ。
・実態から，解決したい（または，調べてみたい）問いを考える。
・問いを解決するための本が，図書館のどこにあるのかを図書館の日本十進分類表から割り出す（この場合，生活習慣→健康→4類→医学490）。
・4冊の本の目次（印刷しておく）を使い，見当をつけて自分の課題を解決する項目を探す。

### 評価

目次を使ってどのように見当をつけたのかを説明することができる。

### 留意点

○調べるテーマが学級や学年で共通の場合，参考図書が足りないことがある。事前に参考図書を探し，目次の部分だけを印刷して，配布するようにしておくとよい。

**資料**

| | 自分の生活実態調査結果 | 解決したい（調べてみたい）問い | 情報を探すために見当をつけた目次の項目 | |
|---|---|---|---|---|
| 生徒A | 夜ゲームをすることが多く，睡眠時間が少ない。 | 学力をつけたいが，睡眠時間と学力の関係はあるのだろうか。 | ① | すいみんと学力の関係 |
| | | | 事典 | よく寝たほうが学力も上がる？ |
| 生徒B | 寝る時間が遅く，睡眠不足になっている。 | 睡眠不足だと，体にはどのようなよくないことが起きるのだろうか。 | ② | すいみん不足でおこる生活習慣病って？ |
| | | | 事典 | 寝ないとヒトのからだはどうなってしまうの？ |
| 生徒C | 起きるのは早いが，寝つきが悪い。 | ぐっすり眠るには，どのような方法があるのだろうか。 | ③ | ぐっすりねむれる光・音・香って？ |
| | | | 事典 | 眠りに深く関わる物質 |
| 生徒D | 起床時間が早く，寝る時間が遅い結果，寝る時間が短い。 | 寝る時間が短いが，何時間寝るのが体にはよいのだろうか。 | 事典 | どれくらい睡眠をとればよいの？ |
| | | | ② | 日本人のすいみん時間と「国民病」 |
| 生徒E | 睡眠時間が少なくなり，授業中集中できなくなることが増えた。 | 適切な睡眠時間は，何時間だろうか。睡眠と学力には，どのような関係があるのだろうか。 | 事典 | どれくらい睡眠をとればよいの？ |
| | | | ① | すいみんと学力の関係 |

\* 参考にした資料を次のように略して記入。
事典：『睡眠がよくわかる事典』，①：『①すいみんのひみつをさぐろう！』，②：『②すいみん不足だとどうなるの？』，③：『③これでバッチリ！みんなのすいみん』

ふりかえり

> 1ページずつ目を通しながら調べたい資料をさがすと時間がかかるけど目次を見ると、どれが今必要な資料なのかすぐわかったので内容を書く時間もたくさんとれてよかった。
>
> 本の目次を見て探す方法を初めてやってみて、とても良い方法だと思った。自分が知りたい情報だけだから時間がかからないし、ごちごちゃにならない。

ステップ1 **F** インターネットを使う

## ⑯ キーボードを使う

| 国語・総合 | 小学校3／4年生 |

### ■ スキルの内容

　キーボードでのローマ字入力ができるようになると，情報検索や表現活動のときに役立ちます。小学校3年生でローマ字を学習していますので，発展学習としてローマ字を使った入力の仕方を学びます。

　国語科でローマ字を学習する時期と合わせてキーボードへの入力指導を行うことにより，子どもが意欲的に取り組むことができます。小学校3年生が一般的です。

### ■ 指導方法

　既に50音を学んでいますので，A・I・U・E・Oから順番に練習していきます。しかしながら，ただ単に入力の練習では楽しくありません。そこで，「自分の名前をキーボード表から探してみよう」「名刺を作ってみよう！」「自己紹介カードを作ろう」というように，具体的な活動を入れると子どもは意欲的に取り組むことができます。

　ローマ字入力の仕方や，キーボード上の指使いを指導するときには，呼び方を一緒に教えるようにします。

　　　ホームポジション（F・J）
　　　母音（A・I・U・E・O）
　　　スペースキー，エンターキー，デリートキー，バックスペースキー

　キーボードは，大文字で書かれていますので，掲示用や個人持ちのローマ字一覧表も大文字のものがあると便利です。また，掲示用のキーボードの図や実物投影機でキーボードを拡大して映した映像などがあると，教員がキーボード上で手本を示しながら授業を進めていくことができます。

　文字を打つことはすぐにできますが，漢字に変換しながら文章を打つのはとても難しいことです。そこで，キーボードの練習がいつでもできる環境を作っておくと，どんどん上達します。

　練習用には，市販ソフトや無料のキーボード検定サイト「キーボー島アドベンチャー」などを利用します。「キーボー島アドベンチャー」を使用するには，事前に教員が利用登録を済ませておく必要があります。登録後は，学校でも家でも使用でき，子どもの進捗状況を教員が確認できるのが特徴です。

II 情報の収集／集める

図F-1　「キーボー島アドベンチャー」のトップページ

## F インターネットを使う

### ⑰ インターネットを使って情報を集める

国語・社会・総合　小学校5／6年生

### ■スキルの内容

インターネットを使って，必要な情報を集める方法を学びます。

小学校の高学年になるとインターネットを使う頻度が多くなります。例えば，社会科の授業は，5年生になると大きく変わります。4年生までは地域の学習が多かったのですが，5年生になると日本全国のことを学びます。そこで，図書やインターネットを使って調べる機会が増えます。5年生の社会科で使う用語を入力し，どのようなホームページがあるのかを，確かめながら授業を進めると効果的です。既に4年生までに，インターネットの検索方法は知っているという場合は，単に検索の仕方を学ぶだけではなく，目的によって使用するホームページを使い分けることを学びます。

### ■指導方法（1）どういうホームページがあるのかを知る

子どもには似たように見えますが，ホームページにはいくつかの種類があります。

①公式サイト……………………公共機関が作成しているサイト
②フリーの百科事典など…………Wikipedia など
③個人サイト……………………個人のブログ，販売サイト，SNS

検索していると数多く出合うのは，③個人のサイトです。販売サイトや個人ブログ，twitter などの SNS は調べるときには使いません。北海道のジャガイモについて調べていたら販売サイトだったということはよくあります。①は，必ず，どこが作成しているのかを確認し，更新年月日も見る習慣をつけておきます。公式ページには，国の省庁，県や市，博物館や美術館などがあります。

### ■指導方法（2）目的により使用するホームページを使い分ける

②の Wikipedia には，長所と短所があります。検索すると，ほとんど始めの方に出てきますので，知りたいことについて，アウトラインや関連用語を知るときには便利です。しかしながら，更新がされていなかったり，書き途中だったりするページも多く存在することから，参考文献として使用するには信憑性がありません。つまり，参考にはなるけれど，参考文献にはならないのです。ですから，Wikipedia は目的に合わせて使うようにします。

また，Wikipedia には，最後に参考文献が書かれています。この参考文献をもとに，関連情報を得ることもできます。Wikipedia を使ってはいけないのではなく，長所と短所を理解した上で，目的に応じて使い分けることが必要です。

**ステップ3　F インターネットを使う**

## ⑱ インターネットのよりよい利用について考える

道徳　　中学校2年生

### ▎スキルの内容

　　インターネットにはどのような種類のホームページがあるのか，便利さや使い方，長所と短所については，各教科等の学習において情報検索をしながら扱います。その一方で，危険回避に関する内容は道徳の時間で学びます。

　　生徒は学校の授業で調べる以外にも，日常生活の中でインターネットを使っています。検索を始めると同時に，インターネット社会に入ることになります。インターネット社会はどういうところなのか，何が便利で何には注意が必要なのかなど，現実の社会で学ぶことと同様のことを学ぶ必要があります。道徳で情報モラルの授業をするのは，こうした理由があるからです。ですから，どの学年でも発達段階に応じた内容を扱うことができます。

### ▎指導方法（1）インターネットの危険性を理解する

　　動画サイトなど利用して（実践事例⑱，78ページ参照），どのようなホームページ（HP）が危険なのか，危険回避するにはどうしたらいいのかを体験的に学びます。危険なHPには，「利用者をだます目的で作成されているHP」や「利用者の個人情報を盗む目的で作成されているHP」などがあります。その内容は，ちょっと見ただけでは，危険さを感じられないように作成されています。作り方は年々巧みになっており，子どものときだけでなく大人になっても必要な知識であることを理解することも大切です。

### ▎指導方法（2）インターネット社会でのコミュニケーションマナーを知る

　　次のようなことをテーマとして，現実社会と比較しながらどこにどのような危険があるのか，危険を回避するにはどうしたらよいのかを考えていきます。

- ・世界中の誰もが見ることができるとは，どういうことなのか。
- ・自分の名前や所在地を世界中の誰もが知ることができると，どういうことになるのか。
- ・自分の写真を投稿するとどうなるのか。
- ・友だちの写真を投稿するとどうなるのか。
- ・教室で友だちと話すときとどう違うのか。
- ・教室で複数の友だちと話すときとどう違うのか。

Ⅱ　情報の収集／集める

## F インターネットを使う
## まとめ 発達段階を意識して

　「知りたいことがあったら，まずはインターネットで検索」ということが，日常生活の中で当たり前になってきました。パソコンがなくても，スマートフォンやタブレットで十分検索ができます。学校でも，パソコンやタブレットの整備が進んでおり，情報収集や発信伝達の道具としてICT機器を活用しています。

　既に，パソコンはテレビのように家電感覚で使いこなすことができます。子どもは，パソコンを使うことに違和感がありません。このような時代だからこそ，学校で行うインターネットの使い方の授業では，どのような内容を扱う必要があるのでしょうか。

　学校で最もインターネットを使うのは，情報検索のときです。それも，授業で扱っているトピックについての情報検索ですから，限定されています。そこで，授業での情報検索に対応するスキルが必要になってきます。キーボード入力は，国語でローマ字を覚える時期と合わせて行うのが一般的です。次に，授業で情報収集をしますので，図書と同様に著作権についての知識が必要になります。さらに，図書，新聞，インターネットなど，メディアの特性に合わせて使い分けることも必要になってきます。

　このような状況において，指導内容は，授業における情報検索に対応するだけでよいのかというとそうではありません。調べれば大概のことはわかる時代です。その一方で，インターネットを使えば何でも調べられるということが，逆に様々な問題を引き起こしています。ですから，学校で行うインターネットの使い方の授業の中身は，方法を習得するだけでなく，「情報モラル」についても扱う必要があるのです。

　2008年7月に改訂された学習指導要領では，道徳の授業に「情報モラルに関する指導」と明記されました。道徳の授業では，子どもにとって密着した話題を扱える反面，具体的にどのような内容を扱ったらよいのかという迷いもあります。そこで，利用したいのが，映像教材や書籍です。「教師用ガイド」も作成されています。

　「ここからはじめる情報モラル指導者研修ハンドブック」（2010年1月発行）

　　http://www.cec.or.jp/monbu/pdf/h21jmoral/handbook_A4.pdf

　「情報モラル」について扱うときに留意したいのは，日常の社会とネットワーク社会との違いです。日常の社会では，子どもは，家庭から地域社会へと順に体験しながら，時間をかけて関係を理解していくことができます。ネットワーク社会では，端末を使うとすぐに，見えない人とのつながりが生じます。そこでの危険回避の理解に，ネットワーク社会を疑似体験できる様々な教材が役立ちます。

　このように，学校で行うインターネットの使い方の授業では，「授業での情報検索の仕方」と「情報モラル」の両面の内容を扱う必要があるのです。

## ステップ1  ⑯ キーボードを使う

【習得させたいスキル】ローマ字入力の仕方がわかる。
【学年・教科領域】小学校3年生・国語
【学習の価値】使用するキーボードの数がA~Zの26個で、かな文字の約半分ですむことは、ローマ字入力の良さである。ローマ字学習の一貫としてローマ字入力の仕方を学ぶことは、インターネットでの情報検索の際の文字入力の基礎になる。
【使用する教材】掲示用のローマ字表（大文字のもの）、掲示用のキーボードの図、個人用のローマ字表（大文字のもの）

### 学習の流れ（1時間）

 ローマ字で、文字を打ってみましょう。

・ホームポジションに指を置き、ローマ字で入力する。

| |
|---|
| ホームポジション（F・J）に指を置く。 |
| 母音を「A, I, U, E, O」と打ち、その都度ホームポジションに戻す。 |
| 「KA, KI, KU, KE, KO」と打ち、その都度ホームポジションに戻す。 |
| 「SA, SI, SU, SE, SO」と打ち、その都度ホームポジションに戻す。 |
| 50音が進んでも、「A, I, U, E, O」が基本になることがわかる。 |

・自分の名前をローマ字表から探して印をつける。
・自分の名前をローマ字で打ってみる。
・キーボード入力に慣れる。

### 評価

ホームポジションがわかり、キーボードの上で指を動かし、文字を打つことができる。

### 留意点

○キーボードでのローマ字入力は校内の情報担当者と連携して指導計画を立てる。個人差があるので、複数の教員で対応するのが望ましい。
○小さいひらがなは、Xを使って入力をする方法もある。
　例）「っ」→ XTU　「ゃ」→ XYA　「コップ」→ KOXTUPU
○50音に慣れたら漢字への変換の仕方を学ぶ。

Ⅱ 情報の収集／集める ● 実践事例

# ステップ2　⑰ インターネットを使って情報を集める

【習得させたいスキル】インターネットを使って情報を集めるときに，使用するホームページを目的によって使い分けることができる。

【学年・教科領域】小学校5年生・社会

【学習の価値】5年生の社会科の授業では，日本全国のことを学び，図書やインターネットを使って調べる機会が増えてくる。インターネットはとても便利ではあるが，目的によって使い分けができないと，正しい情報を得られない場合がある。そこで，どのようなホームページがあるのかを確認し，目的によって使用するホームページの使い分け方を学ぶ。この学習を通して，調べるときに適切なホームページとそうでないものを区別することができるようになる。

【使用する教材】農林水産省のホームページ，ワークシート

## 学習の流れ（1時間）

 インターネット上の情報には，どのようなホームページがあるのかを知り，目的によってホームページを使い分け，必要な情報を集めましょう。

・インターネットで検索をした経験を話し合う。

・教科書の項目（米）で検索し，最初にお米の宣伝（販売）サイトや，Wikipediaなどの情報（全部で3億件以上）が出てくることを確認し，販売サイトは学校の授業では使わないことを確認する。

・フリーの百科事典と公式サイトについて比較する。

|  | 公式サイト | フリーの百科事典 |
|---|---|---|
| 作っている人 | ・農林水産省など公的機関 | ・誰が書いたかわからない |
| 問い合わせ先 | ・ホームページに書いてある | ・問い合わせできない |
| 信憑性 | ・ある | ・ない |
| 使い方（目的） | ・調べ学習の出典に使える | ・参考文献に使えないが，下調べのときに使える |

・お米の生産量の1位を調べるには，どこのホームページで，どのような検索ワードを入力すればよいのか考える（農林水産省　米生産量　25年1位　新潟県）。

## 評　価

お米の生産量1位の県を，どのホームページを使って調べたのか，その理由と合わせて説明することができる。

資 料

インターネットを使って情報を集めよう

年　　番　　名前（　　　　　　　　　）

1　インターネットで調べたことのある内容を思い出しましょう。

　　理科（受粉、台風）

2　「米」について調べ、どんなホームページが出てくるか調べましょう。

　　お米の通販げき安　　　wikipe

3　フリーの百科事典と農林水産省のホームページを比べましょう。

|  | フリーの百科事典（wikipedia） | 農林水産省 |
|---|---|---|
| 作っている人 |  | 農林水産省 |
| 問い合わせ先 | できない | 千代田区 きりしま 1-2-1 東京都 |
| 情報は正しい | △（分からない） | 理由は、公の機関 |
| 使い方 | 的だけで調べる 下調べ | 出典に使える |

4　ふりかえり

インターネットでは、農林水産業のことやお米についてのことがはやくくわしく分かりました。wikipediaは、いろんな人が作っているため、問い合わせができないということが分かりました。お米のサイトがすごくたくさんあることが分かりました。

II 情報の収集／集める

● 実践事例

## ステップ3　⑱ インターネットのよりよい利用について考える

**【習得させたいスキル】**インターネットを正しく安全に活用することができる。
**【学年・教科領域】**中学校２年生・道徳
**【学習の価値】**インターネット検索をする上で，よりよい使い方や危険を回避する「情報モラル」は必要不可欠である。「情報モラル」を道徳の内容の「望ましい生活習慣」や「法やきまりの遵守」などと関連づけることにより，生徒は現実社会とインターネット社会をつなげる見方・考え方を学ぶことができる。
**【使用する教材】**ネット依存アンケート

### 学習の流れ（1時間）

 インターネットのよい点と悪い点をあげましょう。
・インターネットのよい点と悪い点を話し合う。
　スピード，情報量，現在性，誰でも簡単に発信できる（よい点）
　悪意のあるサイトがある，情報の信頼性が不確かなものがある（悪い点）
・テーマに沿ったDVDや資料を見て感想をメモする。
・感想を発表し，問題点を話し合う。
・ネット依存アンケート（次ページ「資料」参照）を使って，自分の現状を把握する。
・インターネットの使い方について，自分の考えをまとめる。

### 評価

インターネットのよりよい使い方について，自分なりの考えが書ける。

### 留意点

○地域や生徒の実態に合ったテーマ（ネットいじめ，有害サイト，ネット依存，悪徳商法，個人情報の漏洩など）を選ぶ（次ページ「資料」参照）。
○インターネットは世界中にリンクしていることを意識する必要がある。何気なく書き込んだ個人情報は世界中に発信されていることに注意したい。
○多くの生徒は，ネット上のサイトは隠れ場・たまり場という感覚をもっているが，実際は子どもを狙う犯罪者が入ってこられる場だということを理解する時間にしたい。
○ネットワーク上と実生活のコミュニケーションは，異なる特性があることを理解させるとともに，相手の立場に立ち，思いやりのある行動は，ネットワーク上でも同じであるということを指導する。

## 資 料

〈映像教材〉

- 「スマホ・ケータイ安全教室」（NTTドコモ）

ネット検索するとドコモのサイトがあり，スライド教材をサイトからダウンロードできる。

- 「考えようケータイ」（ソフトバンクモバイル・NPO法人企業教育研究会）

ホームページから指導案やワークシートをダウンロードでき，DVDを送ってもらうこともできる。現在4つのDVDがある。メールと依存症，ブログと個人情報，わが家のルール，家族のキズナ，SNSでの個人情報の取り扱い，スマホのコミュニケーション等を収録。いずれも15分程度のドラマ仕立てなので，身近な問題として感じられ，授業で活用しやすい。

- 「警察庁サイバー犯罪対策」（情報セキュリティ対策ビデオ）

上記で検索して，ビデオを見ることができる。「アクセスの代償」（26分）や「嘘～出会い系サイトによる犯罪被害に遭わないために～」（39分）など，中高生向けのものもある。

〈統計資料〉

- 『情報通信白書』（総務省）

〈チェックシート〉

- 「情報通信白書 for kids」（総務省）→パケット君安全ガイド→利用上の注意・自己診断

〈報道〉

- 「ネット依存中高生51万人」『静岡新聞』（2013年8月2日金曜日／朝刊）

記事のもとになったアンケートは以下の通り。「はい」が5項目以上は「病的な使用」。

---

〈ネット依存アンケート〉
1．インターネットに夢中になっていると感じているか？
2．インターネットでより多くの時間を費やさねば満足できないか？
3．ネット使用を制限したり，時間を減らしたり完全にやめようとして失敗したことがたびたびあったか？
4．ネットの使用時間を短くしたりやめようとして，落ち着かなかったり不機嫌や落ち込み，イライラなどを感じるか？
5．使い始めに意図したよりも長い時間オンラインの状態でいるか？
6．ネットのために大切な人間関係，学校のことや部活動のことを台無しにしたり危うくするようなことがあったか？
7．ネットへの熱中のしすぎを隠すために，家族，先生やそのほかの人たちに嘘をついたことがあるか？
8．問題から逃げるため，または絶望，不安，落ち込みといったいやな気持ちから逃げるために，ネットを使うか？

---

厚生労働省研究班（2013.8.1）「中高生のネット依存に関する全国調査」アンケート項目。

- 総務省情報通信政策研究所（2014.6.13）「青少年のインターネット利用と依存傾向に関する調査」

〈書籍〉

- 岡田尊司（2014）『インターネット・ゲーム依存症――ネトゲからスマホまで』文春新書
- 尾木直樹（2009）『「ケータイ時代」を生きるきみへ』岩波ジュニア新書
- こころ部監修（2010）『10代のためのケータイ心得』ポプラ社
- 下田博次（2010）『子どものケータイ――危険な解放区』集英社新書

| ステップ1 | **G** 地域に出て調査をする | | |
|---|---|---|---|
| | **⑲ アンケートを作る** | 国語・社会・総合 | 小学校3／4年生 |

## ▌スキルの内容

　　　調べる方法には，「読んで調べる」「人に聞いて調べる」「実験や観察をして調べる」（⑤「調べる方法を整理する」28ページ参照）という3つの方法があります。そのうちの人に聞いて調べる方法では，アンケートとインタビューがよく行われます。ここでは，アンケートの形式を知り，形式に合わせて実際にアンケートを作成します。

## ▌指導方法

　〈手順1〉アンケートの形式（フォーマット）を理解する

　　①アンケートの構成

　　　オープニング（はじめ）　　知りたいこと（目的）と自分の名前
　　　　　　　　　　　　　　　　後でインタビューをする場合は記名式とする
　　　質問　　　　　　　　　　　選択質問や自由記述
　　　エンディング（おわり）　　お礼

　　②部分の書き方

> 何についてのアンケートなのかがわかるように！

**好きなスポーツについて教えてください**

4年1組　小谷田　塩谷

名前（　　　　　　）

1　普段スポーツをスポーツをしますか。あてはまるものに○をつけてください。
　　　①毎日する　　　②ときどきする　　　③あまりしない　　　④全くしない

2　①②に○をつけた人は，どんなスポーツをしていますか。あてはまるものにいくつでも○をつけてください。
　　　サッカー・野球・バスケットボール・テニス・体操・水泳・その他（　　　　　　）

3　普段スポーツを見ますか。あてはまるものに○をつけてください。
　　　①よくみる　　　②ときどきみる　　　③あまりみない　　　④全くみない

4　①②に○をつけた人は，どんなスポーツをみていますか。あてはまるものにいくつでも○をつけてください。
　　　サッカー・野球・バスケットボール・テニス・体操・水泳・その他（　　　　　　）

5　これからやってみたいと思うスポーツがありましたら，書いてください

6　これからみてみたいと思うスポーツがありましたら，書いてください

> お礼は大きくはっきりと

**ご協力ありがとうございました**

　〈手順2〉フォーマットに合わせながら，アンケートを作成する

ステップ2 | G 地域に出て調査をする

# ⑳ インタビューをする

国語・社会・総合 | 小学校5／6年生

## スキルの内容

インタビューの時系列に沿って，何をするのかを理解します。質問しているときだけがインタビューではありません。事前と事後までを含めてがインタビューです。なお，授業で行うときにはグループインタビューを基本とします。

## 指導方法

小学校では，全体を通した手順の大枠（手順1・2・3）をイメージした上で，具体的な方法に取り組むようにします。部分だけを追っていると，今やっていることが全体のどういう位置なのかを見失ってしまうからです。

〈手順1〉インタビューの手順と方法を理解する

①インタビュー前
・事前調査　質問先の情報　自分が知りたことの基本情報
・相談　何を誰に聞くのか　聞きたい内容のリストアップ　役割分担
・行動　アポをとる

②インタビューの最中
・挨拶　名前と目的を伝える
・質問　はじめは答えやすい質問から
　　　　途中もっと詳しく聞きたいことがあればその場で尋ねる
・お礼　はっきりと相手を見て

③インタビュー後
・整理　インタビュー内容を整理・分類する
・お礼　手紙での礼状や再訪問してお礼の気持ちを伝えるなど

〈手順2〉インタビューを行う

質問係とメモ係，写真を撮る係など，役割分担をする。

〈手順3〉インタビュー内容を整理する

メモ係が記録したインタビューメモをもとに，必要な事柄（キーワード）を付箋に書き出す。

書いた付箋を1枚の大きな紙の上などに置き，グルーピングしたり関係づけたりする。

Ⅱ 情報の収集／集める

ステップ3　G 地域に出て調査をする

## ㉑ 目的に応じたアンケートを作成する　　国語　　中学校1年生

### ■スキルの内容

　　　情報収集をするときには，アウトプット（目的）をはっきりさせた上で，方法を選びます。情報収集のひとつの方法として，アンケートが適しているとの判断が大切です。小学校での既習（形式・書き方）を確認し，アンケートで何を知ることができるのかなどを検討した上で，目的に応じたアンケートを作成します。

### ■指導方法

　　　中学校では，常に探究の過程を意識していくと，生徒が主体的に取り組むようになります。小学校では，探究の過程のいずれかに重点を置き，形式や方法を学びます。中学校では，形式や方法は復習となります。重点を置きたいのは，目的や課題を明らかにした上で，自分で適切な情報収集方法を選び，整理・分析して，まとめて表現することです。

　　　全体がイメージでき目的がはっきりしたところで，アンケートの構成を学習します。小学校での学びから発展し，「依頼文」「フェイスシート」「質問」という用語を使っても構いません。「フェイスシート」とは，回答者の属性（性別，年齢など）を尋ねるシートです。小学生のときは，回答者の属性を意識することは少ないのですが，中学生になると調査結果を男女別や年齢別に分けて集計する場合が出てきます。そういう意味でも「フェイスシート」が大切になります。

〈手順〉

　①全体の計画を立てる　→目的は何か　どのような情報収集の方法が適切なのか
　②情報の収集をする　→アンケートをとる　目的に応じた質問事項を選ぶ
　③整理をする
　④まとめて仕上げる

〈アンケートの構成〉

　①依頼文　　　　　　目的，自己紹介，回答を依頼する文章，連絡先など
　②フェイスシート　　回答者の学年，性別などの属性など
　③質問　　　　　　　選択式，記述式
　④協力へのお礼

|ステップ3|G 地域に出て調査をする| | |
|---|---|---|---|
| |㉒ 目的に応じたインタビューを行う|国語|中学校2年生|

## ■ スキルの内容

　　小学校で学んだこと（手順・方法）を確認し，何のためにインタビューを行うのか，インタビューで何を知ることができるのかなどを検討した上で，目的に応じたインタビューの仕方を学びます。

　　情報収集をするときには，アウトプット（目的）をはっきりさせた上で，方法を選びます。情報収集のひとつの方法として，インタビューが適しているとの判断が大切です。その上で，目的に応じたインタビュー活動に取り組みます。

## ■ 指導方法

　　インタビューにおいてもアンケートと同様，探究の過程を意識し，目的に対してどのようなインタビュー内容が適切なのかを判断します。探究の過程は掲示し，生徒の目に入るようにします。

〈手順〉

　①全体の計画を立てる　→目的は何か　どのような情報収集の方法が適切なのか

　②情報の収集をする　→インタビューをする　目的に応じた質問事項を選ぶ

　③整理をする

　④まとめて仕上げる

〈インタビューの留意点〉

　①依頼…中学生になると，インタビューのアポイントメントの取り方も多様になり，電話，手紙だけでなく，ファックス，電子メールなども使うようになります。その場合は，訪問日時，目的など，項目をはっきりさせて書くようにすると，相手に伝わりやすい「依頼文」となります。基本の形式を教員が用意しておいても構いません。

　②インタビューでは，あらかじめ質問をリストアップしておきますが，相手の答え方によっては，具体例や理由を尋ねたりするなど，更なる質問が出てくるようになります。また，その場の様子を観察したり，写真やVTRを撮ったりすることもあります。その場合は，写真やVTRの使い方を含め許可を取るようにします。

　③お礼…手紙や電子メールでのお礼は，文字として残ります。特に相手の名前は間違えないように気を配ります。文章は，誤字脱字がないようグループ内で読み合うようにします。

Ⅱ　情報の収集／集める

**まとめ** **G 地域に出て調査をする**

# 発達段階を意識して

　地域に出て調査をするは、3つの調べる方法（⑤「調べる方法を整理する」28ページ参照）のうち、「人に聞いて調べる」（Field Work）に当たります。調査したい場所に出向き、見学や観察、インタビュー、アンケートなどを行います。小中学校では、インタビューの仕方とアンケートの作り方を学びます。インタビューは話し、アンケートは書きますが、いずれも、知りたいことを相手に「聞く」という調査方法であることに変わりはありません。

　相手に聞くということは、相手の時間を使うことから負担をかける行為であることを意識する必要があります。そこで、発達段階にかかわらず、相手の負担を最小限にするために次の3点に留意します。

　①目的を明確に伝える
　　・どんな学習をしているのかを伝える
　　・何を尋ねたいと思っているのかを伝える
　②調査にかかる時間を短くする
　　・初期段階ではインタビュー内容を1つに絞る
　　・アンケート項目は選択式を中心とする
　　・アンケート項目が適切かどうかを確かめるために予備調査を行う
　　・自由記述の欄はできる限り少なくする
　③感謝の気持ちを伝える
　　・事前に予定を尋ねるときには自分の姓名を名乗る（～学校の○○です）
　　・相手を尊重した丁寧な言葉を使う
　　・相手を見て挨拶をしたりお礼を言ったりする
　　・学習終了後、調査結果を伝えたりお礼に伺ったりするなど、相手とのつながりを大切にする

　そうした上で、自分にとって必要な情報を集めるにはどうしたらよいのかを工夫します。そのため、同じインタビューやアンケートでも、小学校と中学校では指導の仕方が異なります。小学校では、方法、作法に時間をかけます。一方、中学校では、例えば「職業ガイドを作るため」というような「目的」が先にあり、目的に向けた情報収集のひとつの方法としてインタビューの仕方やアンケートの作り方を学びます。そのため、聞いたことをどのように生かすのかに重点を置きます。その上で、聞き取りメモの取り方や5W1H（㉔「要約と引用を区別する」95ページ参照）の使い方などの「方法」を確認していきます。

## ステップ1　⑲ アンケートを作る

【習得させたいスキル】アンケートを作る手順を理解する。
【学年・教科領域】小学校4年生・総合的な学習の時間
【学習の価値】地域学習を進める上で、本やインターネットでは調べられない疑問が出てきた場合、今まではインタビューという方法を取ってきた。ここでは、少しの時間で多くの人に聞くことができるアンケートという方法について学ぶ。この学習を通して、人に聞いて調べるときには、アンケートとインタビューという2つの方法から選ぶことができるようになる。
【使用する教材】アンケートの形式を示した掲示物

### 学習の流れ（1時間）

- 全校のみんなが、魚を好きか嫌いか、そして、その理由を調べるには、どういう方法がありますか。
- ・今まで直接情報を集めてきたインタビューでは、時間がかかり、答える人によって様々な回答方法があるため、アンケートがよいことに気づく。
- ・2種類のアンケートを見て、アンケートを書く立場と集計する立場になって、どちらがよいか考える。

| すきなものは何ですか<br>自由に書いて下さい。 | すきなものは、次のうちのどれですか。<br>1　プール　2　読書　3　宿題　4　給食 |

- ・必要なアンケート項目が入っているアンケートと入っていないアンケートを比べ、どちらがよいか考え、アンケートの正しい形式を知る。
- ・選択肢の内容が自分で思いつかない場合はどうすればよいか考え、事前に予備調査をすればよいことに気づく。
- ・（学級の友だちなどに）予備調査をする。
- ・アンケートを作成し、回答を予想する。

### 評価

形式や作成の手順に沿って、アンケートを作成することができる。

### 留意点

○アンケート作成には、項目を立てる必要があることと、選択肢を作るときには予備調査の必要があることを押さえておく。

### 資料

4年生は、総合的な学習で静浦の魚のことを学習しています。魚を食べている人が、魚のことをどう考えているか知りたいと思いアンケートを作りました。下のアンケートに答えて下さい。

1、魚を食べるのはすきですか、きらいですか。どちらかに〇をして下さい。

2へ　　　　　番号に3へ

2、理由であてはまるものに〇をして下さい。(3つい内)
① いろいろな食べ方がある
② 魚に関係ある仕事
③ もらうことがある
④ つってくる
⑤ おいしい
⑥ その他(　　　　　)

3、理由であてはまるものの番号に〇をして下さい。(3つい内)
① なまぐさい
② へんなしょっかん
③ 苦い
④ 頭がきもちわるい
⑤ その他(　　　　　)

ありがとうございました。9/10(木)にとりに来ます。

| ステップ2 | **⑳ インタビューをする** |

【習得させたいスキル】事前に準備することを理解し，相手とのやり取りを意識したインタビューをすることができる。

【学年・教科領域】小学校5年生・総合的な学習の時間

【学習の価値】地域学習では，本やインターネットで情報が集められない場合が多い。調べる方法のひとつに，知りたい情報をよく知っている人の話を聞いて情報を集める方法がある。この方法の習得により，情報収集の幅が広がる。

【使用する教材】ワークシート

### 学習の流れ（2時間）

🕐 漁港で行っているワカメの養殖について調べています。自分の知りたいことを聞くために，インタビューする計画を立てましょう。

・インタビューの前に行うことの手順を確認する。

①インタビュー中に聞き返すことができるようにするために，事前に関連用語について調べたり，グループでディスカッションを行ったりするなど，インタビュー内容の理解を深めておく。

②聞きたい内容を書き出しておく。

③地域のだれにインタビューするのかを決める。

④相手の都合を聞いて日時を決め，聞く内容を簡単に伝える。

⑤2人以上で行うときには，質問をする係，メモを取る係，写真を撮る係などを決めておく。

・インタビューするときの注意事項を確認する。

①挨拶，自己紹介をする。

②もっと詳しく知りたいことがあったら，質問をする。

③話を聞いて，もっと詳しく知りたいことが出てきたら，その場で尋ねる。

④お礼の挨拶を丁寧に行う。

🕐 インタビューをして聞きとった内容を整理する。

### 評 価

自分が知りたい情報を集めるために行うインタビュー時には，行く前とインタビュー時に行う事柄を確認し，インタビューカードを作成することができる。

### 留意点

○ワカメの養殖については，インタビュー前に本で調べておく。

Ⅱ 情報の収集／集める ● 実践事例

**資料**

年　番　名前（　　　　　　　　　）

| | 静浦のワカメ養殖についてインタビューしよう | |
|---|---|---|
| | 聞く人 | 静浦漁協の高島さん |
| | 聞いた日 | 12月11日 |
| 下調べ | 主に聞きたいこと | ・静浦漁協でワカメの養殖を始めた。<br>・12月初じゅんに植えつけて、2月ごろしゅかく。 |
| インタビュー内容 | ① ワカメは食べられない？ | 小 → 魚に食べられる<br>大 → 魚に食べられない |
| | ② 毎年の養殖したワカメの生産量は？ | 目 5万t　　水 4万t |
| | ③ 養殖されたワカメであウリょうりは？ | カットワカメ → みそしる・スープ・ラーメン・サラダ<br>しゃぶしゃぶ → 生<br>ミネラルが多くはいっている |
| | ④ ワカメを養食するってきたいへんなの？ | したく、しゅうかく、24本<br>↓<br>1t |

※④には、事前に考えた内容ではなく、相手の話を聞いて、更に聞きたくなった質問などを書く。

| ステップ3 | **㉑ 目的に応じたアンケートを作成する** |

【習得させたいスキル】目的を意識してアンケートを作成することができる。

【学年・教科領域】中学校1年生・国語

【学習の価値】調べたことをレポートにまとめる学習では，言葉について調べた内容をレポート形式で報告する。よりわかりやすく，説得力のあるものにするためにアンケート結果を取り入れたレポートを作成する。このような体験を通して，結果をレポートにどのように生かすのかという視点をもってアンケート作成に取り組むことができるようになる。

【使用する教材】ワークシート

### 学習の流れ（2時間）

🕐🕐 「資料　情報を集める」（中学校1年生国語科教科書，光村図書出版，287ページ）を読んでアンケートを作成しましょう。

- ・目的の確認　「言葉」についてのレポートを作成するためにアンケートを行う。アンケートの結果をレポートに生かす。
- ・対象の確認　誰に行うのか。どのくらいの人数に答えてもらうか。
- ・設問の種類　（選択式，記述式）
- ・設問内容を決め，アンケートを作成する。
- ・上級生へのアンケートの依頼方法を確認する。

🕐🕐 アンケートの集計をし，なぜそのような結果となったのかを考えましょう。

- ・記述式の設問に書かれた内容について，どのような観点で整理したらよいのかを確認する。
- ・フェイスシートをもとに男女，学年による違いが見られるのかについても，集計結果を比較する。
- ・レポートに生かすことができる集計結果を選び，表やグラフにする。

### 評価

アンケート結果をレポートにどのように生かすのかについて，説明することができる。

### 留意点

○アンケートの形式
　①依頼文　　②フェイスシート　　③質問　　④協力へのお礼
○選択式と記述式の両方の集計と分析を授業の中で扱いたいため，レポート作成につなげるための質問項目にしぼる。
○アンケートの質問項目を授業時間内で書き上げられるように，ワークシートは教員が事前に印

字しておく部分と，生徒が直接書く部分に分けておく。
○設問の種類
　選択式　全体の傾向を知るのに適する。回答者に負担が少なく，集計もしやすい。設問や選択肢を工夫する必要がある。
　記述式　自由な意見を幅広く集められる。回答者に負担があり集計の仕方に工夫が必要となる。
○アンケート調査に関係する図書資料を参考にするとよい。
　鈴木伸男編（2011）『わかりやすく伝えよう！　学習新聞のつくり方事典』PHP研究所
○レポートをより説得力のあるものにするために，アンケート調査の結果を表やグラフに表すとわかりやすくなる（㊹「レポートにまとめる」167ページ参照）。

**資料**

1年国語科　アンケート　　　　　　　　組　　　班

わたしたちは、「ら抜き言葉の現状」という課題について調査をしています。そのため、アンケートを行って言葉についての現状をつかみたいと思います。それによって、学習課題を深めていきます。ぜひアンケートに御協力ください。

**1　あなたのことについて教えてください。**　（○をつけてください）

　　性別：　　男　　　　　女

　　学年：　　1年　　　　2年

**2**　「食べることができる」という意味であなたが言うのは次のどちらですか。○をつけてください。

　　　　食べれる　　　食べられる

**3**　「食べれる」という言い方は「ら抜き言葉」といって本来は間違った言い方です。どうしてこのような言葉になってきたと思いますか。

お忙しい中、御協力ありがとうございました。これから資料の分析をし、言葉について考えまとめていきます。

# ステップ3　㉒ 目的に応じたインタビューを行う

【習得させたいスキル】目的を意識してインタビューを行うことができる。
【学年・教科領域】中学校2年生・国語
【学習の価値】職業ガイドを作成するための情報収集のひとつの方法として，目的に応じたインタビューの仕方を学ぶ。この学習により生徒は，職業ガイド（目的）にインタビューをどのように生かすのかという視点を取り入れて，インタビュー活動を行うようになる。
【使用する教材】ワークシート

## 学習の流れ（2時間）

🕐　「多様な方法で情報を集めよう」を読んで，いろいろな職業の魅力を引き出すためのインタビューをする計画を立てましょう。
　・知りたいことの確認（仕事の意義，たいへんさ，やりがいなど）
　・取材相手の決定　　・依頼　　・事前調査　　・質問の検討
🕐　選んだ職業についてインタビューをして，興味をもったこと，友だちに知ってもらいたいことを整理してワークシートにまとめましょう。

## 評　価
取材メモに，職業についての質問内容を書くことができる。
インタビューで得た情報を整理して，ワークシートにまとめることができる。

## 留意点
○取材メモの取り方
　・5W1Hを念頭に置き，キーワードを落とさない。
　・「〇〇について」という見出しや記号，矢印を使って視覚的なメモにする。
　・1問1答式にならないよう，相手の話から次の質問につなげるようにする。
　・相手の話の内容だけでなく，話を聞いている中での自分の感想もメモする。
　・取材が終わったら早めに整理する。
○インタビュー協力への感謝の気持ちを礼状や訪問にて伝えさせるとよい。

**資 料**

## 多様な方法で情報を集めよう
### インタビューで情報収集

組　番　氏名

☆ 情報を整理して聞き取るために（取材メモの取り方）
① 5W1Hを念頭におく。
② ラベリング（小見出しをつける）をする。
③ ナンバリング（番号を振る）をする。
④ 図や矢印を活用する。
⑤ 自分の感想があればそれをメモする。
⑥ 取材が終わったらできるだけ早くメモを整理する。

☆ インタビューの手順
① 名乗る。インタビューに応じてくれたお礼を言う。
② さりげない話題から入ってリラックスする。
③ テーマや、最終的なまとめの方法を説明する。
④ 用意した質問をする。インタビューを始める。
⑤ 曖昧な点は詳しく、具体的に聞く。分からないこと、聞き落としたことをそのままにしない。
⑥ 最後に話の大まかな流れを繰り返し、誤りがないか、相手と確認する。相手に話に沿って言い残したことがないか確認し、話してもらう。
⑥ テーマに沿って言い残したことがないか確認し、話してもらう。
⑤ 最後に感謝の気持ちを伝える。

◎お名前　　　　　　◎職業
※聞きたい項目をあらかじめ記入する。

◎インタビュー内容の整理

| 観点 | 興味をもったこと・知ってもらいたいこと |
|---|---|
|  |  |
|  |  |
|  |  |

---

参考
○中学校1年生国語科教科書（光村図書出版，287ページ）「情報を集める」にあるインタビューの進め方や注意点を参考にするとよい。
　・曖昧な点は詳しく、具体的に聞く。
　・分からないこと、聞き落としたことをそのままにしない。
○中学校1年生国語科教科書（東京書籍，55ページ）「会話が弾む質問をしよう」はよりよい質問を意識して会話をする方法を考えることができる教材である。参考にしたい。
　よい質問とは
　・話の内容が深まったり広がったりしたと感じた質問。
　・回答者の考えや人柄などが伝わったと感じた質問。
○中学校1年生国語科教科書（三省堂，68ページ）「チームの力を引き出す」は質問の目的と効果を考えることができる教材である。参考にしたい。
　質問の4つの種類
　・定める問い（イエス・ノー型，選択型）
　・広げる問い（情報取り出し型，思考うながし型）
　目的や効果を考えながら、上の4つの質問を使って話し合いを勧める実践例も参考になる。

| | H 情報を手元に置く | | |
|---|---|---|---|
| ステップ1 | ㉓ 問いと答えを正対させる | 国語・生活 | 小学校1／2年生 |
| ステップ1 | ㉔ 要約と引用を区別する | 国語・社会 | 小学校3／4年生 |
| ステップ2 | ㉕ 参考にした資料を書く | 国語・社会・理科・総合 | 小学校5／6年生 |
| ステップ3 | ㉖ 著作権を意識して要約や引用をする | 道徳 | 中学校1年生 |

Ⅱ 情報の収集／収める

| 問い | ザリガニがかくれる場所は何でつくるのか。 |
|---|---|
| 答え | パイプや石などでザリガニがかくれる場所をつくる。 |

初期指導用情報カード

情報カード

## H 情報を手元に置く

## ㉓ 問いと答えを正対させる

国語・生活 / 小学校1／2年生

### スキルの内容

　　小学校低学年の子どもは、「はてな」が一杯です。「なぜ」「どうして」を連発するのもこの年齢です。初めて知ったことを聞くと、楽しそうに話し出します。そこで、話すだけでなく、情報カードにも初めて知ったことを書いてみます。そのときに、初めて知ったことをまず書き、それに対する問いの文章（質問文）を書きます。その活動を通して習得させたいスキルは、「問い」と「答え」を正対させることです。使用する情報カードは「問い」と「答え」の欄があるだけの簡単なものですが、「問い」と「答え」を正対させることは、調べるときに最も重要なポイントです。

　　生活科では動植物の飼育や栽培を行います。そのために、調べることが増えてきた時期に合わせて、情報カードの使い方を学習します。調べるといっても小学校低学年の子どもが自分の疑問に対する答えを本の中から探すことは容易ではありません。そこで、目的をもって調べるというより、初めて知ったことを見つけるという調べ方の方が、意欲的に取り組むことができます。図書館の本は自分のものではないので、見つけた情報を手元に置く必要があります。そこで役立つのが、情報カードです。情報カードは、生活科の授業で何度も使いますので、図書館や教室に置いておくと便利です。

### 指導方法

　　ザリガニを飼うことになったとします。ザリガニのお家をつくろうとしていますが、どんなお家にしたらいいのかがわか

表 H-1　「問い」と「答え」の書き方例

| 問い | ザリガニがかくれる場所は何でつくるのか。 |
|---|---|
| 答え | パイプや石などでザリガニがかくれる場所をつくる。 |

りません。子どもは、図書館でザリガニの本を借りてきます。そして、ザリガニのお家の作り方のページを開きます。この段階で情報カードが登場します（表 H-1）。

　①水槽には、パイプや石などザリガニが隠れる場所をつくることを初めて知った！
　②「答え」の欄に、「パイプや石などでザリガニがかくれる場所をつくる」と書きます。
　③この中で、心に残った言葉に線を引きます。「パイプや石」に線を引きました。
　④「パイプや石」を尋ねるときの質問文を作ります。
　⑤「ザリガニがかくれる場所は何でつくるのか」と、問いの欄に書きます。

　　このような手順で、質問文を作ります。慣れてくると、子どもは文章を読みながら「問い」の言葉が浮かんでくるようになります。そうすると、自然に質問文から書くようになります。

| ステップ1 | H 情報を手元に置く |
|---|---|

## ㉔ 要約と引用を区別する

国語・社会 　小学校3／4年生

### スキルの内容

　要約は2種類あります。筆者の側に立つ要約と自分にとって必要な部分を要約することです。筆者の側に立つ要約は,「この文章を200字に要約しなさい」というときに使います。段落ごとの要点を見つけ,つなげていく方法です。その一方で,文章の中で自分にとって必要な部分を短くまとめる要約は,読んで調べたときなど,日常よく使います。この要約は小学校4年生で学習します。

　ここでの要約は,小学校4年生で学習する「自分にとって必要な部分を短くまとめる」方法を指します。

### 指導方法

　問いと答えが正対するようになったら,右のような情報カードを使います（図H-1）。使いはじめる学年としては,小学校4年生以上が適切です。

　情報カードは,次の4項目で構成されています。

　①知りたいこと（問い）
　②調べたこと
　③参考資料
　④メモ

　③の参考資料は,後からもう一度調べたいときや,他の人が調べたいときに便利です。

　②の調べたことのインデックスには,要約・引用と書いてあります。「調べたこと」の欄に書くときには,要約もしくは引用という方法を使います。自分の言葉でまとめた場合は「要約」に,文章全部が必要なときは「引用」に○をつけておくと,意

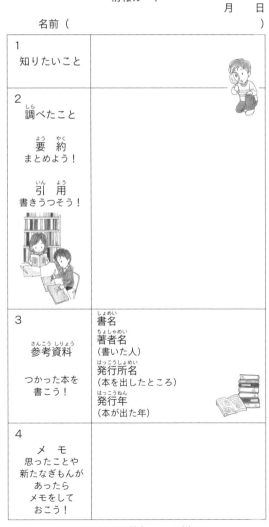

図H-1　情報カード例

識的に要約と引用を区別するようになります。

　要約と引用という用語はセットで使われます。小学校では，要約が中心ですので，調べたことを情報カードに書くときに要約をしておくと，レポートに書くときにもそのまま使えます。引用する必要があるときには，その文章をそのまま書く意味を感じたときです。要約してしまうとニュアンスが伝わりにくい，主張なのでそのまま書いておきたいなどという理由があった場合は引用しておきます。

　①の「知りたいこと」の欄には，５Ｗ１Ｈがきます。「なぜ」「いつ」「どこで」「だれが」「なにを」「どのように」の言葉がきます。これらの疑問詞を使いこなせるようになると，幅広く情報を集めることができます。

　例えば，「御嶽山が爆発した」というニュースに対しての「問い」は，

　　　いつ　→　日時　　　　　御嶽山は，いつ爆発したのか。
　　　どこ　→　場所　　　　　御嶽山は，どこにあるのか。
　　　なぜ　→　理由・原因　　爆発の原因は，何か。（なぜ，爆発したのか）
　　　どのような（　）　　　　爆発後，まわりにどのような影響を与えたのか。
　　　　　　　　　　　　　　　爆発後，どのような被害があったのか。

となります。「どのような」の後に（　）があるのは，（　）には，様々な言葉が入るからです。

　　　どのような種類　どのような方法　どのような対策　どのような色
　　　どのような順序　どのような工夫　どのような行動　どのような形
　　　どのような働き　どのような特長　どのような仕組み　どのような働き

　このように，問いの言葉が自然に浮かんでくるようになると，本で読んだとき，テレビを見たとき，インターネットで調べたときなど，つまり，情報に出合ったときに疑問をもち，立ち止まることになります。この習慣は，情報を鵜呑みにしないことにもつながります。

　５Ｗ１Ｈは，一見簡単なように感じますが，質問文を作ってみると，難しいことがわかります。子どもがよく作る良くない質問文の例です。

　　　御嶽山について　　　→これだと，答えに何を書いても正解になってしまいます。
　　　御嶽山のまわりは？→？には，様々なことが置き換えられます。何が問いなのか
　　　　　　　　　　　　　　わかりません。

　情報を収集するときには，何よりも情報カードを集めたいという気持ちをもつことが必要です。タイムリーなニュースがあったときに合わせて情報カードを書くようにすると，テレビや新聞，インターネットなど，多様なメディアから情報を集めることができます。

| ステップ2 | H 情報を手元に置く | | |
|---|---|---|---|
| | **㉕ 参考にした資料を書く** | 国語・社会・理科・総合 | 小学校5／6年生 |

**Ⅱ 情報の収集／収める**

### スキルの内容

　　　レポートを書く前には，図書館資料などを使って調べます。また，他の人の意見を要約や引用して書くときもあります。このように，他の人の書いたものを自分の文章の中で用いるときには，参考にした資料を示します。自分が再度その情報・資料に当たりたいときや，他の人がそれを読みたいときに役立つからです。

　　　参考にした資料のことを小学校中学年以下では「使った本」「調べた本」「参考資料」という言い方をします。中学校では，「参考文献」や小学校高学年に引きつづき「参考資料」という用語を使います。また，文献の出所を示すという意味で「出典」という用語を使うこともあります。

### 指導方法（1）もう一度探したいときのために

　　　小学生にとって，参考にした資料を書くのは時間がかかります。小学校中学年以下の学年では，本の表紙を見て，著者（書いた人）と発行所名のみを書くようにします。奥付には，読めない漢字が多く，編集・監修など意味のわからない用語が多く使われているためです。同じ題名の本が多くありますので，書名だけでは，本人や友だち，または学校司書が本を特定できません。そこで，著者名と発行所名を書いておく必要があります。

### 指導方法（2）責任表示の理解のために

　　　参考にした資料を書くときには，本の最後にある奥付を見ます。奥付の一番上には，責任表示が書かれています。責任表示とは，この本の内容について，すべての責任を負う人のことです。問い合わせをしたいときは，ここ書かれている人に尋ねます。

　　　小学校高学年になると，責任表示に書かれている著者・作者・編集・監修・訳者などの意味がわかってきます。責任表示に書かれている人は，様々な形でこの本に携わっていることがわかるのは，小学校高学年以降です。責任表示という言葉の中には，複数のことが存在すること，つまり1対1対応でとらえる年齢から，1対複数が理解できる年齢になったときに授業を行うと，理解しやすくなります。

　　　参考にした資料を書くときに子どもが迷うのが責任表示の欄です。情報カードには，「著者」を書くという指示がありますが，本には「監修」と書いてあるため，「この本には著者がいない」という質問がよく子どもから出てきます。1対複数の対応が理解できていれば説明可能ですが，そうでないと子どもは混乱するばかりです。これに惑

わされて本来行いたい問いと答えの対応がおろそかになってしまうのでは，本末転倒です。

## 指導方法（3）発行年月日の理解のために

　　参考にした資料を書くときの指導として，気をつけたいのが発行年月日です。引用では，本の何ページに書いてある情報を引用したのかを示すために，著者，発行年，ページを入れます。ところが，奥付を見ると，2刷，3刷という言葉とともに，発行年月日が書かれています。発行年は数段にわたり書かれている場合があること，版と刷という用語が使われていることから，発行年を書くときに子どもは迷います。

　　奥付には発行年が書かれていますが，書き方は発行所によって異なります。基本的に本は，版が変わると別の本として扱われます。そこで，一般的には使った本の第1刷の発行年月日を書きます。刷は何度重ねても同じ本の仲間であると考えられているからです。例えば，以下の本には版が書いてありません。つまり初版ということです。そのうちの第6刷の本で調べたということになります。この場合，初版の第1刷は2006年ですので，発行年は2006年と書きます。

　　　　『調べ学習の基礎の基礎　だれでもできる赤木かん子の魔法の図書館学』
　　　　　2006年2月　第1刷　　　　著　者　赤木かん子
　　　　　2009年9月　第6刷　　　　発行者　坂井宏先
　　　　　　　　　　　　　　　　　　発行所　株式会社ポプラ社

　　刷が変わるときに，若干内容が修正される場合があります。本には誤植がつきものです。誤植とは誤字脱字などの間違いのことです。誤植は当然修正されます。また，指摘により内容を一部変更するときもあります。さらに，データを時代に合った新しいものに変更する場合もあります。今では，このような修正を刷が変わるときに行うようになりました。ですから，刷が違うということは，引用するページが異なる場合が出てくる可能性が出てきます。しかしながら，刷まで絞って本を探すと同じ本を見つけられない場合も出てくるため，「版」を同じ本とみなし，版を参考文献に表記する方法が主になっています。

## 発展（1）参考文献の書き方の理解のために

　　レポートを書くときには，最後に引用・参考文献を書きます。以前は，引用順に著者の名前を並べて書いたのですが，最近では，著者名の50音順もしくはアルファベット順に書く方法がとられるようになりました。書き方はいくつかありますが，例えば以下のように書きます。

〈図書の場合〉著者名（発行年）『書名』発行所名
　例）塩谷京子（2013）『司書教諭が伝える言語活動と探究的な学習の授業デザイ

ン』三省堂

  注意）近年は，「, 」で区切らず，上記のようにスペースで区切りを示す方法が使われている。

〈インターネットの場合〉著者名「タイトル」URL（アクセス年月日）

  例）文部科学省「小学校学習指導要領第1章総則」http://www.mext.go.jp/a_menu/shotou/new-cs/youryou/syo/sou.htm（2015. 7. 19参照）

〈新聞の場合〉「記事テーマ」『新聞名』 記事分類 発行年月日 朝夕刊別 ページ数

〈雑誌の場合〉著者名（発行年）「タイトル」『雑誌名』巻・号・頁

  例）全国学校図書館協議会（2009）「2008年度に実施した利用指導」『学校図書館』709：47

  注意）709は巻，ゴシック体で書く。もし709巻に1号があるとしたら，709(1)と表記する。

  47はページを表す。p. 47とは書かずに：47と表記する。

| H 情報を手元に置く | | |
|---|---|---|
| ステップ3 ㉖ 著作権を意識して要約や引用をする | 道徳 | 中学校1年生 |

## スキルの内容

　　　小学校では，要約や引用の方法を中心に学習します。中学校になると，著作権という概念を取り入れて，なぜ，要約や引用を行うのかを学習します。

　　著作権という制度は，「著作者の努力に報いる」ことから，要約や引用するときばかりではなく，日常生活にも関わってきます。そこで，道徳の授業において，日常生活での話題を取り上げながら扱います。

## 指導方法

　　　著作権の指導のときに教員が読んでおきたいのが，文化庁ホームページです。そこには，「みんなのための著作権教室」という子ども用のページがあります。そこでは，子どもの言葉で著作権を次のように説明しています。

　　　　「著作権」は何のためにあるの？　→自分の考えや気持ちを作品として表現したものを「著作物」，著作物を創作した人を「著作者」，著作者に対して法律によって与えられる権利のことを「著作権」と言います。著作権制度は，<u>著作者の努力に報いる</u>ことで，文化が発展することを目的としています（下線筆者）。

　　　　「著作物」にはどういうものがあるの？　→著作物とは「自分の考えや気持ちを他人のまねでなく自分で工夫して，ことばや文字，形や色，音楽というかたちで表現したもの」です。それにはさまざまな種類があります。

　　　　「著作権」はどんな権利なの？　→著作権は著作者人格権と著作権に分けられ，それぞれさまざまな種類の権利があります。

　　授業を進める上で，「著作物」とは何をさすのか示すことにより，話題が具体的になります。出版されている本はもちろんですが，人物や風景を撮影した写真，百科事典のように編集したものなども含まれます。例えば，人物や風景を撮影した写真を，作者の了解をとらずに，他の人に見せたり，作者の名前を公表したり，作品を変えたりすることは，著作者人格権である公表権，氏名表示権，同一性保持権を侵害した行為となります。

　　このように，著作権の概念を理解することは，自分の意見や主張を導き出す根拠として，先の研究を要約や引用することになり，より説得力のあるレポートや論文を書くことにつながります。

**まとめ　H 情報を手元に置く**

# 発達段階を意識して

　情報を集めることと手元に置くことを合わせて「収集」と言います。集めるだけでしたら，「収」の文字は不要です。ですから，集めることと手元に置くことをセットで学ぶ必要があります。

　情報を手元に置く方法は，小学校の低学年から中学校までを見通すと，まずは，「問い」と「答え」を正対させるところから始まり，要約と引用の仕方，出典の書き方と続き，最後に，著作権へと進みます。発達段階ごとに，興味のあることや理解できることが異なるからです。

　著作権という言葉は，小学生でも日常耳にします。著作権があるのは，「著者の努力に報いるためである」という考え方は，相手を尊重することにつながります。よって，出典に関する指導は小学校で行いたい内容です。しかしながら，著作権の概念までを理解し，著作権の中にはどういう権利があるのか，そして，著作権を意識して要約や引用をするとなると，権利の理解において，小学生には難しい内容となります。

　情報を手元に置くことを学ぶときに，それぞれの発達段階で子どもがつまずきやすい点があります。

　①初期の情報カード　→問いと答えを正対すること

　　この指導をしないと，子どもは，「〜について」という表記で調べたいことを書きます。「〜について」でしたら，調べたことの欄に何を書いてもよくなります。そうすると，本をざっと見て目についた部分を情報カードに写して終わりにしてしまうのです。対策として，初めて知ったことを「答え」に書き，答えに対する質問文を考えるという手順をとります。

　②情報カード　→どのような（How）質問文を作る

　　５W１Hのうち，質問文を作るのが難しいのはHowです。Howのあとに来る言葉が見つかりにくいのです。そこで，どのような（理由），どんな（きまり）というように（　）の中の言葉を見つけたら，教室に掲示しておくと常に一覧できて便利です。掲示しておくと，「どのような」に続く言葉を見つけたらその場で書き足すこともできます。

　③情報カードから整理・分析へ進めるときに付箋が役立つ

　　情報カードはサイズが大きいので，集めた情報をもとにシンキングツールを使って整理・分析するときには向きません。そこで，キーワードを付箋に書いて情報カードに貼っておきます。これらの付箋を情報カードから外しＢ４サイズほどの用紙に貼っていくと，線でつないだり，輪で囲んだり，ラベリングしたりするのに便利です。

### ステップ1　㉓ 問いと答えを正対させる

【習得させたいスキル】情報カードを書くときに，答えに対する問いを作ることができる。
【学年・教科領域】小学校2年生・生活科
【学習の価値】生活科で生き物や植物の学習に入るときには，事前に本で調べることにより，飼ったり育てたりするときに必要な情報を集める。調べた本は図書館へ返却するため，必要な情報は情報カードに書いて手元に置くと，便利である。習得した情報カードの書き方は，情報収集のときにはいつでも使える。
【使用する教材】グループごとに育てようと決めた野菜について調べる本，調べたことを書く情報カード

#### 学習の流れ（1時間）

 グループごとに育てる野菜について，情報を集めます。情報カードの「答え」のところに，初めて知ったことを書きましょう。一枚のカードにひとつずつ初めて知ったことを書きます。その後，「答え」に合う「問い」を書きましょう。
・初めて知ったことを「答え」の欄に書く。
・「答え」に合う「問い」を書く。
・情報カードが集まったら，グループの友だちと情報交換をする。

#### 評価

問いと答えを正対させて，情報カードを作ることができる。

#### 留意点

○机間巡視しながら，「問い」と「答え」が正対しているかを確認する。必要な箇所に赤ペンで線を引く（以下参照）。
　　例）なすの花はむらさき色である。
　　　　→なすの花の色は何色か？
　　例）ミニトマトは1つのたねから100個も実ができる。
　　　　→1つのたねから何個のミニトマトができるのか？
○「問い」を作ることに慣れてきたら，初めて知ったことを先に「答え」の欄に書かず，はじめに「問い」を書き，その後「答え」を書くようにする。

## ステップ1　㉔ 要約と引用を区別する

【習得させたいスキル】他の人の文章と自分の文章を区別する方法として，要約と引用があることを知る。

【学年・教科領域】小学校4年生・国語

【学習の価値】本で調べる学習を進める上で，調べた内容を記録しておく必要がある。ここでは，情報カードを使って，自分に必要な部分を短くまとめる要約と，書いてあることをそのまま使う引用を区別して記録することを学ぶ。この学習は今後，文章中に他の人の文章を根拠として書くときの基礎となる。

【使用する教材】神山潤監修（2008）『睡眠がよくわかる事典』PHP研究所，ワークシート

### 学習の流れ（1時間）

報告文を書くために，本で自分が知りたいことを調べます。調べた内容を記録する方法を知り，情報カードに書きましょう。

・自分に必要な情報（知りたい情報）は，何かを確認する。
・要約する場合と引用する場合について，使い分け方を確認する。

| 要約 | 知りたい内容を自分の言葉で短くまとめる。 |
|---|---|
| 引用 | 文章全部が必要なとき。「　　」で，そのまま書く。 |

・要約の練習として，「朝ごはんをぬくとどうなるの？」（『睡眠がよくわかる事典』43ページ）を要約する。
・要約した文章を友達に伝え，理解されるかどうかを確認する。
・知りたいことが書かれている本の内容を読み，まとめる（要約）か，そのまま書く（引用）かを判断し，情報カードに記入する。
・知りたいことひとつについて情報カードを1枚使う。ひとつ調べられたら2枚目の情報カードに記入する。

### 評価

要約と引用を区別して情報収集ができる。

### 留意点

○要約する場合，自分のわからない言葉をそのまま書き写すと，発表の時に相手に伝わらないので，国語事典で意味を調べて書くようにしたい。

**資料**

1　次の「朝ごはんをぬくとどうなるの？」を要約しましょう。

### 朝ごはんを抜くとどうなるの？

　脳は、からだのなかでももっとも多くのエネルギーを必要とする器官です。ですが、脳は栄養をためておくことができません。常に血液から栄養を送ってもらわなければならないのです。脳は、朝起きたときにはエネルギーがもっとも不足している状態です。朝食を抜くと、脳はエネルギー不足のままで、はたらきが悪くなります。

　朝ごはんは、脳だけでなく、からだ全体にはたらきかけます。朝食をとらないと、からだがだるかったり、スポーツなどをしても疲れやすくなったりします。

　また、はっきりとした原因はわかっていませんが、朝食をとる子より朝食を抜く子のほうが、太る傾向にあったという調査結果があります。

神山潤監修（2008）『睡眠がよくわかる事典』PHP研究所

> 朝食を抜くと脳はエネルギー不足になり、脳のはたらきが悪くなってしまいます。それに体がだるくなりスポーツをしてもつかれやすい体になってしまうことがあります。

| 1 知りたいこと | どうして1日3食なの？ |
|---|---|
| 2 調べたこと<br>要約・引用の<br>どちらかに○<br><br>【要約】<br>・必要な情報<br>をまとめる<br><br>【引用】<br>必要な情報<br>そのまま書き<br>写す<br>・「　」を<br>つける | 大昔の江戸時代は、いつも1日2食がふつうだった。1日2食から1日3食になったのは明治時代になってからでした。理由は、3回に分けることで、1日に必要なエネルギーや栄養素を効率的にとることができるからです。 |
| 書名 | これでバッチリ！みんなのすいみん |
| 発行所名 | 岩崎書店 |
| 著者名 | 神山潤 |

## ステップ2　㉕ 参考にした資料を書く

【習得させたいスキル】参考にした資料の書き方を理解する。
【学年・教科領域】小学校5年生・社会
【学習の価値】参考にした資料の書き方を体験することを通して，他の人がその資料に辿りつくための書き方には，一定の約束ごとがあることに気づく。
【使用する教材】朝日新聞出版編（2016）『朝日ジュニア学習年鑑 2016』，宮田利幸監修（2012）『新版　日本の国土と産業データ』小峰書店，ワークシート

### 学習の流れ（1時間）

お米のことを調べた情報は，どの本から調べたのかがわかるように，本の情報を記録しましょう。
・お米の生産量の1位を調べ，本によって結果が違うのは，調査年が違うことに気づく。
・本を見て，いつの情報が書かれているかどうかは，本の発行年を見ればよいことに気づく。
・発行年を探すときは，本の後ろにある「奥付」と言う部分を見ればよいことを知る。
・使った本の奥付を見て，著者名，書名，発行所名，発行年を確認する。

### 評　価
奥付のどこを見て参考にした資料を書いたのかを説明できる。

### 留意点
○奥付の表記の仕方が出版社によって異なることは，参考にした資料を書くときに子どもがとまどう点でもある。特に，著者名と発行年の書き方は難しい。次ページのように書き方を学んだ後は，掲示をしていつでも子どもの目にふれるようにしておくと，参考にした資料を書くときの手助けとなる。
○発行年は出版年，発行所は出版社とも言う。
○児童の人数分本を準備できないときがある。授業内に教材としての使用を目的とした場合は，印刷して児童に配布することができる。

資料

## お米の生産量一位を調べましょう

年　組　番　名前（　　　　　　　　）

1　お米の生産量の一位は、どの都道府県か予想しましょう。

　　新潟

2　本で「お米の生産量1位」を調べ、生産量も書きましょう。

| 都道府県名 | 北海道 | 生産量 | 64.1万t |
|---|---|---|---|

3　(他のグループの友達と) どうして、答えが違うのでしょうか。
　　本の出版年が分かるところを探しましょう。

| | 書名 | |
|---|---|---|
| 朝日ジュニア学習年鑑2015 | | 新版　日本の国土と産業データ |
| 2015年3月30日　第1刷　発行 | 発行年 | 2012年11月20日新版第1刷発行 |
| | | 2013年9月10日　新版第3刷発行 |
| 発行者　勝又ひろし | | 監修者　宮田利幸 |
| 発行所　朝日新聞出版 | | 発行者　小峰紀雄 |
| 編者　朝日新聞出版　教育・ジュニア編集部 | | 発行所　株式会社　小峰書房 |

4　自分が調べた本の出典を書きましょう。

| 書名 | 朝日ジュニア学習年鑑2015 |
|---|---|
| 著者名（編者） | 朝日新聞出版　教育・ジュニア編集部 |
| 発行所名 | 朝日新聞出版 |
| 発行年 | 2015年 |
| ページ（P） | 148　P |

（お米の生産量1位がのっていたP）

5　発展（下記の農産物について、生産量1位の都道府県を調べましょう。）

| 品名 | 生産量1位の都道府県 | 品名 | 生産量1位の都道府県 |
|---|---|---|---|
| だいこん | 北海道 | みかん | 和歌山 |
| きゅうり | 宮崎 | ぶた | 鹿児島 |
| りんご | 青森 | にわとり | 茨城 |

## ステップ3　㉖ 著作権を意識して要約や引用をする

【習得させたいスキル】自分の考えの根拠として他の人の考えを取り入れるときには，他の人の考えを尊重する「著作権」という権利が保証されていることを理解する。

【学年・教科領域】中学校1年生・道徳

【学習の価値】調べ学習の際に他の人の考えと自分の考えを区別する必要があり，その方法として要約と引用があることを学んできた。これを道徳の内容の「法やきまりの遵守」に関連づけて指導することを通して，要約や引用という方法を用いることはお互いの考えを尊重するという考え方の理解につながる。

【使用する教材】ワークシート

### 学習の流れ（1時間）

- ワークシート（次ページ「資料」参照）の2つの文章を比べてみて，どちらがなぜよいと思いますか。
- ・AとBの2つの文章を比べることで，要約や引用のよさを考える。

> Aは主観が根拠となっていて，説得力が弱い。
> Bは調べたデータの引用を根拠にしていて説得力がある。
> Bは「遅すぎる」という言葉を引用し，「今すぐ取り組まなければならない」という自分の主張につなげている。

- ・人に伝えるときには，人と自分の意見を区別しなければならない。著作権について○×クイズ（次ページ「資料」参照）を通して理解する。
- ・ワークシートで，要約や引用の必要性を再確認する。

### 評　価

要約・引用の違いを説明することができる。

### 留意点

○国語で指導することもできる。

「引用について」（中学校2年生国語科教科書，光村図書出版，289ページ），「著作権を知る」（中学校2年生国語科教科書，光村図書出版，60ページ）

「要約について」（中学校2年生国語科教科書，東京書籍，69，234～237ページ）

「引用・著作権について」（中学校2年生国語科教科書，三省堂，248～249ページ）

### 資 料

・文化庁 HP　http//www.bunka.go.jp/
・著作権情報センター　http://www.cric.or.jp/

---

A.毎年、夏は暑い日が多くて温暖化が進んでいると思う。また、森林が破壊されていることも聞く。だから、環境問題は今すぐ取り組まなければならない課題である。
　　　　　　　　　　　　　　　　　　　　　　　　（主観を根拠に主張）

B.百科事典ポプラディア（ポプラ社 2011）によると、地球の平均気温は１００年で４℃上昇し、森林はこのままだとあと １００年ですべてがなくなると言われている。また、「環境への影響があらわれてから対策を実施するのでは遅すぎる」（7巻 P24-25）とある。だから環境問題は今すぐ取り組まなければならない課題である。
　　　　　　　　　　　　　　　　　　　　　　　（客観的データを根拠に主張）
　　　　　　　　　　　　　　※ Bの最初の１文目は要約文、２文目は引用文

---

○引用をすることで根拠がはっきりした説得力がある主張ができます。下のグラフを引用して、地球温暖化が進んでいるという主張を書きましょう。

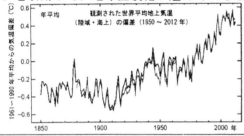

気象庁 HP
観測された世界平均地上気温
（1850～2012年）
www.data.jma.go.jp/cpdinfo/
index_temp.html

（引用文の例）
気象庁 HP「観測された世界平均地上気温」（1850～2012年）のグラフから、地球規模で温暖化が進んでいることが明らかである。特に、２０世紀後半から気温上昇が著しく、人口増が影響していると思われる。早急な対策が必要である。

・著作権○×クイズ　（問題例）

1 人が、考えたり感じたりしたことを何かの形で著したものを、著作物という。
2 ダンスの振り付けや設計図、グラフ、編曲には著作権はない。
3 部屋にポスターとして飾るため、アニメの絵をコピーする。
4 亡くなった漫画家手塚治虫さん（1989年死去）の作品の著作権はない。
5 明治の歌人石川啄木の歌を集めて、修学旅行の資料として印刷し、配布する。
6 レンタル店から借りた CD を録音して、文化祭で流す。
7 自分の考えと同じなので新聞記事の全文をレポートとして提出する。
8 友人Aが描いた絵がすばらしかったので、コピーして友人Bに渡す。
9 購入したゲームソフトを友人に１００円で貸す。
10 クラスの写真を自分のホームページに載せる。
11 目の不自由な人のために小説を点字に訳す。
12 図書館で、研究に使うため、資料の一部をコピーする。

答え…1○ 2× 3○ 4× 5○ 6× 7○ 8× 9× 10× 11○ 12○

| | | | | |
|---|---|---|---|---|
| **I 言葉を扱う** | | | | |
| ステップ1 | ㉗ | 集めた情報を比較・分類する | 国語・社会・総合 | 小学校3／4年生 |
| ステップ2 | ㉘ | 関係づけながら主張を見出す | 国語・社会・理科・総合 | 小学校5／6年生 |
| ステップ3 | ㉙ | 観点を立てて情報を整理する | 国語 | 中学校1年生 |
| | ㉚ | 目的に応じて情報を整理する方法を選ぶ | 国語 | 中学校2年生 |
| | ㉛ | 事実と主張のつながり方を読み取る（論理展開） | 国語 | 中学校3年生 |

| | | | | |
|---|---|---|---|---|
| **J 数値を扱う** | | | | |
| ステップ2 | ㉜ | 調査結果の特徴を読み取る（グラフ，表） | 社会・算数・総合 | 小学校5／6年生 |
| ステップ3 | ㉝ | 調査結果の傾向を読み取る（ヒストグラム） | 地理・数学・総合 | 中学校2年生 |
| | ㉞ | 標本調査から母集団の傾向を読み取る | 数学・生徒会活動 | 中学校3年生 |

Ⅲ　整理・分析／考えをつくる

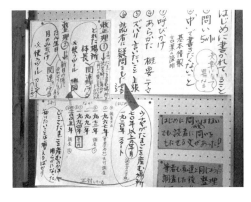

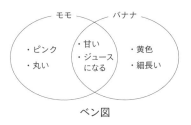

ベン図

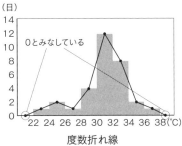

度数折れ線

## Ⅰ 言葉を扱う

### ㉗ 集めた情報を比較・分類する

ステップ1 ｜ 国語・社会・総合 ｜ 小学校3／4年生

### ▍スキルの内容

　　比較する，分類するは，集めた多くの情報を整理するときに使う方法です。小学校中学年では，比較することを比べる，分類することを仲間分けするということもあります。いずれも考えるための方法です。ここでは，比べる，仲間分けするとは，どうすることなのかをイメージできるようにします。合わせて，比べたり仲間分けしたりするときには，どのような図を使うと考えやすいのかも体験を通して習得します。

　　比べるとは「同じことと違うことを見つけること」，仲間分けすることは「何で分けるのかを決めてから数個のグループに分け，それぞれのグループに名前をつけること」という意味と，比べるときにはベン図，仲間分けするときにはXチャートやYチャートが役に立つことを学びます。ベン図やXチャート，Yチャートのような図を総称して，シンキングツールといいます。

　　いずれも考えるための方法ですので，考えさせたいときに，単に「考えてみよう」と言わずに，どのようにして考えるのかを加え，「比べて考えよう」「仲間分けして考えよう」と，子どもに投げかけます。

　　比べる，仲間分けするという言葉は，国語科の教科書に頻繁に出てきます。方法がわかれば，各教科等の授業でいつでも使うことができます。

### ▍指導方法（1）比べるとはどういうことか

　　子どもは，比べっこの体験があります。「お兄ちゃんと背比べをした」「友だちと鉛筆の長さを比べた」，こういうときの子どものイメージは，背の高さや鉛筆の長さの違いに注目しています。

　　まず，先生と校長先生を比べてみましょうと投げかけます。子どもは，「校長先生は男」「塩谷先生は女」というように，違うところに目がいきます。しばらくして，「それでは比べたことにはならないのです」と，子どもに向かって語ります。子どもはびっくりします。

　　次に，ヒントを出します。「校長先生にインタビューします。校長先生はどんな食べ物が好きですか」と尋ねると校長先生が「カレーライス」と答えたとします。にっこりわらって「塩谷先生もカレーライスが大好きです」と答えます。そうすると，子どもが「あー，一緒だ」と気づきます。

　　そこで，比べるということは，同じと違いを見つけることであることを認識します。

## 指導方法（2）ベン図を使って比べてみよう

比べるとは同じと違いを見つけることであるとわかったところで，モモとバナナを比べてみます。同じと違いを見つけるのに便利なのがベン図です。

図I-1 比べるときに用いるベン図

子どもは発達段階に応じて，

① 見た目　色，形
② 体験　　皮をむいたときの色
　　　　　食べたときの味
③ 知識　　産地，とれる季節

をもとに，同じと違いに目を向けていきます。見た目は，見つけやすい視点ですが，体験したことを言葉にするのは意外と難しいので，意図的に機会を作ることをお勧めします。小学校高学年になり知識が増えると，知識をもとにした比較もできるようになります。

## 指導方法（3）何で分けるのかを決めて仲間分けをしよう

T：家族（お父さん，お母さん，ぼく）の洗濯物があります。どういう分け方ができますか。

T：何で分けたのかを説明しましょう。

　C1：だれの洗濯物かで分けた　　　　→お父さん　お母さん　ぼく
　C2：どういう洗濯物なのかで分けた　→上衣，下衣，小物
　C3：色で分けた　　　　　　　　　　→白いもの，色がついたもの

T：Yチャートを使って，分けましょう。見出しもつけましょう。

仲間分けをするときには何で分けたのかを決めてから分け，分けたらそれぞれのグループに名前をつけると，集めた多くの情報を整理することができます。

## 指導方法（4）付箋紙やカードを使って分類し，ラベルをつけよう

情報収集時に付箋紙やカードを使うと，繰り返し分類できるので便利です。分類したらそのグループに名前（ラベル）をつけると，どういうグループに分けたのかがわかります。グループに名前をつけることをラベリングともいいます。

例）社会科見学での見つけたことのメモをもとに，ポイントを付箋紙やカードに書き出します。その後視点を決めて分類し，ラベルをつけます。

例）VTRで映像を見ながら気づいたことを付箋紙やカードにメモしていきます。終了後，視点を決めて分類し，ラベルをつけます。

## 発展　マトリックス表

小学校高学年以降になると，特徴を調べる機会が増えてきます。共通点があるからこそ，違いが際立ち特徴が見えてきます。その場合は観点をもとに特徴を記入するマトリックス表が役立ちます。

社会科では，観点をもとに比較するときに役立ちます。

|  | 北海道 | 沖　縄 |
| --- | --- | --- |
| 面　積 |  |  |
| 気　候 |  |  |
| 交通機関 |  |  |
| 特産物 |  |  |

図書，新聞，インターネットの長所や短所を比較するときにも便利です。

|  | 長　所 | 短　所 |
| --- | --- | --- |
| 図　書 |  |  |
| 新　聞 |  |  |
| インターネット |  |  |

比較することを通して見えたことを，マトリックス表を使って説明することもできます。

ステップ2　**Ⅰ 言葉を扱う**

## ㉘ 関係づけながら主張を見出す

国語・社会・理科・総合　　小学校5／6年生

### スキルの内容

　　　集めた情報と情報をつなげることにより，そこから自分の意見や主張を見出す過程を「整理・分析」といいます。その過程の方法として「比較・分類して考える」の次に，「関係づけて考える」方法を学びます。「関係づけて考える」ときにはコンセプトマップを使うと，全体や部分ごとのつながりを可視化できるので便利です（図I-2参照）。

　　　既習学習を整理すると，4年生では関係づける場面が増えていることに気づきます。関係づけて考えるときには，つなげる，合わせる，照らし合わせるなど，様々な言い方が使われています。情報収集の後，別々の情報として存在していることがらを，つなげていくことを通して，自分の意見を見出すときに使うスキルです。既習学習を整理することを考慮し，小学校高学年を設定しましたが，小学校4年生の後期において指導することも可能です。

### 指導方法（1）読書活動において——登場人物図鑑を作ってみよう

　　　物語には登場人物がいます。登場人物の関係を書くのが登場人物図鑑です。映画やドラマの説明にも使われている人物相関図と同じものです。

　　　まず，登場人物の絵を書きます。絵の下に特徴的な性格などを書きます。

　　　次に，人物間の関係を，線でつないだり矢印で方向を示したりします。

　　　そして，線上にどういうつながりなのかを書きます。

　　　この登場人物図鑑を掲示して読書紹介としたり，自分が書いた登場人物図鑑をもとに本の紹介を行ったりすることもできます。

### 指導方法（2）社会科において（小学校4年生）

　　　社会科では地域で生まれた特産物を学習します。その背景には，気候，地形，交通など，いくつかの要素がつながった結果，その地域独特の特産物として今なお引き継がれています。どんな要素がもとになっているのかを見つけるときにも，関係づけて考えていきます（図I-2）。

　　　例えば，特産物について集めた情報をもとに，キーワードを付箋紙などに書き出し，それらを

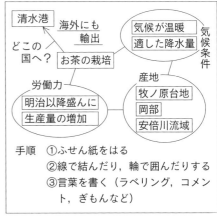

図I-2　関係を示した図の例

Ⅲ　整理・分析／考えをつくる

B4サイズの用紙に貼ります。付箋紙同士を矢印でつなげたり，線で囲ったりしていくことで，関係が見えてきます。できあがった図をコンセプトマップといいます。

## 指導方法（3）理科において

関係づけて考える方法は，理科や社会科の学習を通して，古くから行われてきました。例えば，ミョウバンを水に溶かす実験をしたときには，表やグラフで表します。溶ける量と温度の関係を見ながら，温度が高くなるほど多くのミョウバンが溶けるという考えを導き出します。

このように，溶ける量（重さ）と温度を関係づけることにより，そこから見えた自分の考えを述べるということは，以前から行われていました。実験結果をもとに何が言えるのかを考えるときに，表やグラフを書いた経験をしていると思います。これこそが，実験結果をもとに「整理・分析」している場面なのです。これを，探究の過程にあてはめると，実験という手法を用いて「情報の収集」を行う，集めた情報を表やグラフに書いて「整理・分析」するとなります。

## 指導方法（4）国語科において

説明文の中においても，関係づけて考えていることがわかる文章に出合います。そもそも説明的な文章は，調査結果や実験結果を文章にしたものですから，当然，集めた情報を整理・分析しているはずです。

しかしながら，文章中に「整理・分析」とは書かれていないことが多く，意識しないと，素通りしてしまいます。「整理・分析」の過程には，比較・分類して考える，関係づけて考えるなどの方法があることを知っていれば，「比べる」という言葉から，比較したことがわかります。しかしながら，「関係づけて考える」場合は，「合わせる」「照らし合わせる」「つなげる」などの表記をすることが多く，関係づけたことと同じことを意味していると読み取れない場合があります。これらの用語が関係づけて考えていることを示していることがわかれば，読み手は「整理・分析」していると理解できます。さらに，このようなところでは，図表を示してあることが多く（図I-3），文章と図表をつなげてみることで，さらに筆者が何と何を関係づけてどんな意見を導き出したのかを理解することができます。

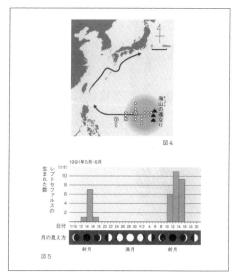

図I-3　関係づけるときに使っている地図や暦
出所：小学校4年生国語科教科書（下，光村図書出版，80〜81ページ）。

# ❶ 言葉を扱う

## ㉙ 観点を立てて情報を整理する

|国語|中学校1年生|

ステップ3

### ▍スキルの内容

中学生になると，教科書も厚くなり文章も長くなります。情報量が増えるため，常に観点を立てて整理する必要が出てきます。観点を立てるときに必要になるのが目的です。ここでは，目的に合った観点を立てるには，どのような用語を使うことが適切なのかを学びます。

### ▍指導方法

生徒は，日常，様々な目的で書いたり話したりしています。例えば，

迷子になった犬を探してほしいという目的で，ポスター作成する。
体育祭や文化祭に来てほしいという目的で，ポスターを作成する。
年度はじめに自分のことを知ってもらうという目的で，スピーチを行う。
お昼の放送で読書月間の行事を知ってもらう目的で，委員会からの紹介を行う。

など，生徒が日常書いたり話したりするときには，目的があります。そのとき，思いつきで，書いたり話したりすると相手に伝わりません。そこで，観点を立てて，伝えるべき情報を整理する必要がでてきます。観点として用いる言葉は，目的により異なります。

例えば，迷子になった犬を探してほしいという目的でポスターを作成するときには，どのような観点が必要でしょうか。読み手の立場に立つとイメージしやすくなります。迷子になった犬を知らない人が探すには，

　　迷子になった場所　→駿府公園の徳川家康の銅像付近
　　外見　　　　　　　→チワワ　白と茶色
　　特徴　　　　　　　→「ピピ」と呼ぶと声が出る方向を見る　赤い首輪をしている

などを伝えれば，迷子になった犬を特定しやすくなります。これを観点といいます。観点が決まれば，具体的な内容を書くことができます。探してほしいことを目的としたときの観点は，筆箱をなくした，ボールをなくしたなど，同様の目的で書いたり話したりするときとほぼ同じような観点を用いた言葉を使うことができます。

目的が変わるとどのような観点が必要なのかを話し合うと，観点として用いる言葉をイメージすることができます。

　　体育祭に来てほしいときの観点例→日時，場所，プログラムなど
　　自己紹介をするときの観点例　　→名前，特技，趣味など
　　学校紹介をするときの観点例　　→学校名，所在地や地図，部活動，行事など

Ⅲ　整理・分析／考えをつくる

## ステップ3 **I** 言葉を扱う
## ㉚ 目的に応じて情報を整理する方法を選ぶ　　国語　　中学校2年生

### スキルの内容

　　中学生は，文献調査で得た情報と，インタビューで得た情報というように，複数の方法で情報を集めることが当たり前になってきます。異なる方法で収集した情報を，目的に応じて整理するときにも観点を立てる必要があります。ここでは，マトリックス表を使い，観点を立てて集めた情報を整理する方法を習得します。

### 指導方法

　　情報収集方法の違いにより，同じ観点でも収集した内容は異なります。立てた観点と，複数の情報の収集の仕方は，マトリックス表の縦軸と横軸になります。

　　例えば，「職業ガイド」を作ろうという目的に対して，中学生になると職業について図書やインターネットなどを使って調べるだけでなく，職場体験先でインタビューを行って情報を集めるようになります。このように，複数の方法で調べたことに対して観点を立てて整理するときには，マトリックス表の横軸（複数の調べ方）と縦軸（観点）の両方を見ながら比較すると整理ができます。

|  | 図書やインターネットなど | インタビュー |
|---|---|---|
| 仕事内容 |  |  |
| 一日の主な流れ |  |  |
| 仕事に就くための資格など |  |  |
| 大変なこと |  |  |
| やりがいのあること |  |  |

　　マトリックス表を使うと，同じ観点でも調べる方法が異なると調査結果にも違いが出ることが一目瞭然です。職業ガイドのため，より正確な情報を発信するためには，違いが出たことについてはさらに詳しく調べる必要があります。そうした上で，調べた職業に対して興味をもったことや，友だちに伝えたいことなど（意見や主張）を導き出します。

　　複数の方法を使って調べ，情報を整理した上で作成された職業ガイドは，読み手に必要な情報が収まったものとして仕上がります。単に図書のみで調べて作成したものとの違いを比べてみてもよいでしょう。

# I 言葉を扱う

## ステップ3 ㉛ 事実と主張のつながり方を読み取る(論理展開)

国語　中学校3年生

### スキルの内容

同じテーマでも、送り手が違うと事実と主張のつなげ方が異なります。すなわち、論理展開を読み取ることにより、送り手の意図に気づくようになります。筆者の主張に対して自分の考えを述べるためには、事実と主張がどうつながっているのかを読み取るスキルが必要です。

### 指導方法

同じテーマについて論じた2つの論説を読み比べることを通して、論理展開を比較することができます。論理展開を比較するときには、文章構成と事実と主張のつなげ方に目を向けます。比較することによりそれぞれの論説の特徴(筆者の意図)が見えます。

〈文章構成〉

文章構成は、頭括型、尾括型、双括型があり、この3種類のどの構成なのかを知る必要があります(図I-4)。これがわかると、どこに筆者の主張が書かれているのかを把握することができます。

① 頭括型　序論に主張(意見)がある場合
② 尾括型　結論に主張(意見)がある場合
③ 双括型　序論で主張(意見)を示してから本論で根拠を述べ、最後の結論でもう一度主張(意見)を述べている場合

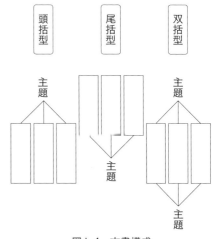

図I-4　文書構成

〈事実と主張のつなげ方〉

事実から主張へのつなげ方は、幾通りかあります。小学生がよく目にするつなげ方は、③ですが、徐々に、①②のようなつなげ方の文章にも出合うようになります。

中学校3年生とはいえ、事実と主張のつながり方(論理展開)を読むことは容易ではありません。論理展開を読むときには、文章構成と事実と主張のつなげ方に目を向けます。

**まとめ　❶ 言葉を扱う**

# 発達段階を意識して

　図書やインターネットで調べたり，インタビューやアンケートで人の意見を聞いたり，実験や観察をしたりして情報を収集した後は，たくさんの情報が自分のところに集まっています。そこから自分の意見や主張を導き出すために，「整理・分析」を行います。「整理・分析」を行わないと，子どもは集めた情報を丸写しにしてすべて伝えようとします。

　「整理・分析」する方法として，比較・分類して考える，関係づけて考えるなどがあります。このような「整理・分析」の方法を知っていれば，子どもはどのようにして考えたらいいのか，その方法を自分で選ぶことができます。つまり，集めたたくさんの情報を目的に応じて「整理・分析」するには，どんな方法があるのかを知っておく必要があるのです。知っていれば，目的に応じて方法を選び，自分の意見や主張を導き出すことができるようになります。

　「整理・分析」という言葉は馴染みがないと思う方も，理科の実験の後にグラフや表を書いたりしたことや，社会科で調べたときにマトリックス表や白地図に書いたりしたという体験を思い出すことができるのではないでしょうか。理科や社会科では，当たり前のように行っていた「整理・分析」であっても，図書やインターネットなどを使って情報を集めた後になると，なぜかそこを飛ばしてしまう場合があります。それが，集めた情報をそのまま書くという子どもの姿です。図書やインターネットで情報を集めたときも，比較・分類したり，関係づけたりすることにより，自分の考えを導き出すことができます。つまり，整理・分析ができるのです。そのときに，図表を使うことで，可視化でき，互いの考えを共有化することもできます。「整理・分析」するときに作成した図表は，主張を伝えるときの鍵となるのです。

　中学生になり語彙が増えると，収集できる情報量が増え，収集できる方法も多様になります。情報量が多くなればなるほど，観点を立てて整理しないと自分の意見や主張を導き出すことが難しくなります。観点として使う用語の習得は，語彙の習得量と関わりがあることから，中学校の3年間をかけて各教科等の学習の中で継続して行う必要があります。また，読み手として，文章構成を把握したり，事実と主張のつながり方（論理展開）を読み取ったりすることは，筆者の意図を読み取るために必要なことです。筆者の意図に対して自分はどう考えるのかを議論するために必要なスキルとなります。

　このように，単に「考えましょう」「自分の考えをつくりましょう」と投げかけるのではなく，自分の考えを導く方法を学び，それを活用する学習活動を設定して初めて，児童生徒は「整理・分析」することができるようになるのです。

### ステップ1　㉗ 集めた情報を比較・分類する

【習得させたいスキル】集めた情報を比較・分類して，整理することができる。
【学年・教科領域】小学校3年生・国語
【学習の価値】学校や家で記号をたくさん集めた後，子どもは仲間分けをしたくなる。Xチャートを使うことにより，どのように分けたのかが見える。また，集めた情報を分類するときには，記号を見つけた場所で分ける，形で分けるなど，何で分けたのかという視点をもつと分けやすいことがわかる。分類して考えるスキルを習得することは，今後，図書やインターネットなどを使って集めた情報の整理にも役立つ。
【使用する教材】調べた記号を書くカード，分類するために使うXチャート

#### 学習の流れ（2時間）

- 学校やおうちで記号を集めましょう。見つけたら，カードに記号の絵を書いておきましょう。どこで見つけたのかもメモしておきましょう。
- 集めたカードを仲間分けしましょう。
  - ①Xチャートを使って仲間分けをする。
    例）集めた場所で分ける → 学校　家の中　道路
    例）形で分ける → 丸　四角　三角　絵
  - ②Xチャートに何で分けたのかを書く（右図参照）。
  - カードを集め手にもち，新しいXチャートを使って，①と②を繰り返す。

仲間分けをしてラベルを書いたXチャート

#### 評価

集めたカードを，Xチャートを使って仲間分けすることができる。

#### 留意点

○何で分けたのかがXチャート上に残ることから，何通りも仲間分けをすることができる。何で分けたのかが3つの場合は，不要な所に×を書く。もしくはYチャートを使う。
○分類するときにはXチャートを使うと可視化できる。同様に，比較するときには，ベン図やマトリックス表を使うと可視化できる。

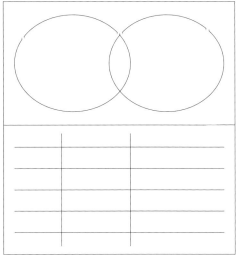
上：ベン図
下：マトリックス表

| ステップ2 | **㉘ 関係づけながら主張を見出す** |
|---|---|

> 【習得させたいスキル】集めた情報を整理するときに，情報同士を関係づけ，そこから自分の主張を見出すことができる。
> 【学年・教科領域】小学校5年生・社会
> 【学習の価値】集めた情報を線で結んだり輪で囲ったりして自分の考えを見つける学習では，いくつかの事実を関係づけて主張を見出す方法を学ぶ。既習である比較・分類に加え関係づけて考える方法を知ることは，集めた情報を整理するときに役立つ。
> 【使用する教材】シンキングツール（コンセプトマップ）

**学習の流れ（1時間）**

🕐 お米について，情報カードに集めてきました。情報カードを使って，自分の考えを見つけてみましょう。

・調べてきた情報カード（㉔「要約と引用を区別する」95ページ参照）を見ながら，キーワードを付箋紙に書き出す。
・付箋紙をB4サイズの用紙に貼る（コンセプトマップ）。
・付箋紙の内容を見て，関係あるものを輪で囲んだり，→で結んだりする。
・輪で囲んだところには，ラベリングをする（タイトルをつける）。
・線を引いたところには，キーワードや文（コメント）を書く。
・内容のタイトルや書いたコメントを見ながら，考えを見出す。
・コンセプトマップを見せ合いながら，友だちに自分の考えを説明する。

**評　価**

複数の付箋紙に書いてある情報を線で結んだり輪で囲ったりしながら，情報間のつながりを見出すことができる。

**留意点**

〇付箋紙の情報は，全部使う必要はない。最初は，集めた情報を全部分類しようとするが，そのうちに，「これは関係ない」と取捨選択ができるようになる。
〇キーワードを5，6個見つけたいので，情報カードを1人5，6枚は集めておくようにする。
〇慣れてきたら，情報カードを書くときに，キーワードを書いた付箋を情報カードに貼る作業まで行っておくと，キーワードをもとに関連づけて考える段階へ移りやすくなる。

## 資料

### なぜ、コシヒカリは、多くの人に食べられているのだろうか。

**丸みがある。**
**さめてもおいしい。**

**コシヒカリのおいしさのひみつ**

- アミロースが少なくて、ねばり気があり、日本人ごのみの味になった。
- 日本人の味覚にぴったりあっている。
- ねばりが強く、甘みがある。

- 時間がたっても味が変化しない。
- 米のデンプンは、アミロースとアミノペクチンからできている。
- 気こうや人々の好みに合わせて作っている。

**新がた県では どうして有名か**
- 楽さいにってよい。
- 新がた県（魚沼地方が）作りやすい。

おいしくて うれるから 広まる。

- 昭和40年ごろ機械化で早く作れるようになった。
  ↓だから
  大量生産ができる

**どうしてコシヒカリが いろんな所につくられているのか**
- たくさんの量で作られている。
- 病気に強くたくさん しゅうかくができる。

---

コシヒカリは、ねばりが強く、甘みがあって日本人の味覚にあっている。
機械化でコシヒカリが作られるようになり、大量生産ができるようになり、全国でたべられるようになった。

## Ⅲ 整理・分析／考えをつくる

● 実践事例

## ステップ3　㉙ 観点を立てて情報を整理する

【習得させたいスキル】観点を決めて必要な情報を選び、伝えることができる。
【学年・教科領域】中学校1年生・国語
【学習の価値】中学生の最初に、「わかりやすく説明しよう」（光村図書出版）という「書くこと」の基本を学ぶ単元がある。伝える目的によって必要な情報は異なるので、「観点」を立てて書くことが必要となる。ここで取り上げる「観点」は、中学校1年生のあらゆる場面で扱う重要な概念である。
【使用する教材】中学校1年生国語科教科書（光村図書出版）、ワークシート

### 学習の流れ（3時間）

① 観点を立てて情報を集めましょう。
・「私のお気に入りのもの」を下記の2つの目的で説明するとき、どんな観点があるか考える。
　　目的1：お気に入りのものを紹介する　→観点：由来、長所、思い出、必要性
　　目的2：無くしたので探してほしい　　→観点：紛失場所、外見、特徴
・観点を立ててマッピングする。

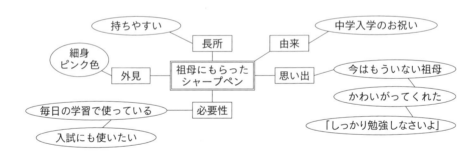

② 目的に合った観点を選んで、書く順番を決めて書きましょう。
③ 書いた文章を友だちと回し読みして、感想を伝えましょう。

### 評価
2つの文章をそれぞれの目的にふさわしい観点を選んで書くことができる。

### 留意点
○教科書の例文の文章構成の型は、生徒が書くときのお手本となる。
○教科書では1年は400字程度、2、3年は600字から800字とある。
○このスキルは、集めた図書資料を整理・分析する指導（㉚「目的に応じて情報を整理する方法を選ぶ」116ページ参照）につなげていくために必要である。

# ステップ3　㉚ 目的に応じて情報を整理する方法を選ぶ

【習得させたいスキル】集めた情報を目的に応じて整理することができる。
【学年・教科領域】中学校2年生・国語
【学習の価値】職業ガイドの作成に向け，集めた情報を整理する方法の習得は，より説得力のある根拠を見出すことにつながる。
【使用する教材】ワークシート

### 学習の流れ（3時間）

🕐　自分の選んだ職業について図書資料を使って情報収集をしましょう。
・図書資料から得た情報をワークシートに記入していく。
　🕐　目的に応じてインタビューをしましょう。
・取材メモに従ってインタビューをする（実践事例㉒，91ページ参照）。
　　🕐集めた情報を整理しましょう。
・図書資料で得た情報とインタビューで得た情報をワークシートにまとめる。
　①仕事内容，②仕事に就くために，③仕事の流れ，④楽しいこと，⑤適性
・自分の伝えたいことに関連した情報にラインを引く。
・比較し関連づけて自分の考えをまとめる。

### 評価

目的に合わせ，集めた情報を整理してマトリックス表に書くことができる。

### 留意点

○総合的な学習の時間における体験的な活動の中にインタビューを取り入れたい。
○総合的な学習の時間（キャリア教育）のまとめにおいても生かせる教材である。
○図書資料を十分用意するとよい。
　しごと応援団編（2008）『女の子のための仕事ガイド』理論社
　NHK「あしたをつかめ」制作班編（2008）『NHK あしたをつかめ平成若者仕事図鑑』日本放送出版協会
　『なるにはBOOKS』ぺりかん社　など
○実践事例㉙「観点を立てて情報を整理する」（前ページ）を振り返り，本学習につなげるとよい。

## 資　料

### 情報を整理し考えをまとめよう

組　番　氏名

**1　図書資料の情報を整理しよう**

私の調べた職業（ 自営業 ）

| | 図書資料（資料名） | インタビュー（氏名） |
|---|---|---|
| ①仕事内容 | 本人みずからが、ものをつくったり売ったり、サービスを提供したりという仕事をすること（自営業について小峰書店 2003） | 仕入れ、展示会に行く。注文を受けたものを納入・商品の店頭販売・ちん列・修理 |
| ②就くために | 資格をとる。家の仕事を継ぐ。評価を受ける。専門的な能力をもつ。 | 昔勤めていた会社をやめるときに、恩師に相談した。資格はない。 |
| ③仕事の流れ | 「辻谷工業」<br>8:00 自宅1階で仕事開始<br>12:30 昼食　犬の散歩<br>13:00 仕事再開<br>17:00 仕事終る<br>忙しいときは21:00ぐらいまで仕事 | 「ツルヤスポーツ」<br>8:30 開店　メールチェック<br>学校などを回って納入<br>12:00 昼食<br>13:00 仕事の引き継ぎ<br>商品販売<br>作業　発注<br>20:00 閉店 |
| ④楽しいこと | ・なんでもできるから楽しい<br>・周りの人に相談して協力してもらうこと<br>・商品に詳しく消費者と交流すること | ・いろいろな人と交流して自分の人間の幅が広がった。<br>・お客様が求めているものと自分が探したものが一致するうれしさ。<br>・探究心いろいろな興味をもつ人いろいろな経験をもっている人 |
| ⑤適性 | みつからなかった。 | ・人と交流することができる人 |

**2　図書資料とインタビューを比較し、共通点、相違点から特徴をつかもう**
（使う観点の番号を上に記入）

②・特に資格をとらなくても、自分の知恵と工夫次第でよりよい仕事をすることができる。
④・時間が自由に使えて、やる気次第で成果があがる。
⑤・人と人との関わりを大切にする中で楽しみがみつかる。

**3　比較して自分の伝えたいことをまとめよう**

・自分がやりたいことを人と交わりながら工夫してやると自営業は楽しい。

|ステップ3| **㉛ 事実と主張のつながり方を読み取る（論理展開）**

【習得させたいスキル】複数の情報を比較・評価することで，自分の考えを深め，論理の展開を理解することができる。
【学年・教科領域】中学校3年生・国語
【学習の価値】1つの話題に関する2つの社説を読み比べ，事実と主張のつながりを読み取ることは，論理の展開を意識して表現することにつながる。
【使用する教材】中学校3年生国語科教科書（光村図書出版），本年度「国語に関する世論調査」についての新聞記事，本年度「国語に関する世論調査」についての各社の社説，ワークシート

### 学習の流れ（4時間）

① 2つの社説を，文章の構成や論理の展開に注意して読みましょう。
・読みながら，序論と結論に線を引く。
・ワークシートに要点を書き込んで完成させる。
・2つの社説を比較して，気がついたことをまとめる。

② 本年度の「国語に関する世論調査」についての新聞記事を読みましょう。
・記事から，自分が気になる事実を抜き出し，自分の意見をまとめる。
・グループで気になる事実について意見を交換して，自分のものの見方や考え方を深める。

③ 本年度の「国語に関する世論調査」について意見文を書きましょう。
・ワークシートに沿って資料を適切に引用して書く。
・1時間目に学習した2つの社説の論理の展開を参考にして書く。

④ 自分の意見文と他の意見文を比較してみましょう。
・新聞の社説，友だちの意見文等と比べて読んで，文章の論理の展開の仕方について考える。
・新聞の社説，友だちの意見文，教師の意見文と比べて読んで，ものの見方や考え方を深める。

### 評価
世論調査（事実）に基づいて考察し，自分の主張をまとめて意見文を書くことができる。

### 留意点
○新聞を読む際には，見出しに着目させることで，その記事の要点や主張をつかむことができる。2つの社説を比較するときにも，まず見出しに着目させ，送り手（新聞社）の意図によって，伝えたいことや強調したいこと等が違うことに気づかせる。
○比較するときには，それぞれの社説の根拠と主張をつかむようにする。

○時間がない場合は，初めの1時間だけで済ませることも可能である。

## 資料

・「国語に関する世論調査」（文化庁）は，毎年9月に新聞に掲載され，その後社説にも取り上げられることが多い。

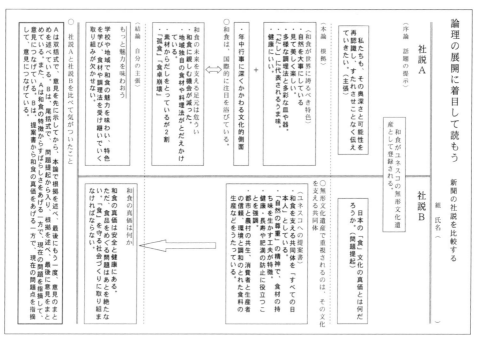

2つの社説ワークシート

生徒の意見文

| ステップ2 | J 数値を扱う |
|---|---|

## ㉜ 調査結果の特徴を読み取る（グラフ，表）

社会・算数・総合　　小学校5／6年生

### ▌スキルの内容

　　算数の授業で，帯グラフや円グラフは割合を表すときに使うことを学びます。そのときに，既習事項である棒グラフや折れ線グラフなども取り上げ，それぞれのグラフからは何が伝わるのかという視点で特徴を整理します。

　　グラフが何を表しているのかがわかると，アンケートを取ったときなどに適したグラフを選ぶことができます。また，調べているときに，多様なグラフが出てきます。それぞれのグラフの特徴を意識して，読んだり書いたりします。

### ▌指導方法

　　算数の授業で学習したことを掲示しておきます。

　　　棒グラフ　　　　　　→差
　　　折れ線グラフ　　　　→変化
　　　円グラフ・帯グラフ　→割合

　　アンケートを取り，その結果から自分の意見を導き出し，それを表すのに適切なのは，差なのか，変化なのか，割合なのかを判断することが，ポイントです。グラフや表が自分の意見の根拠となるからです。算数で学ぶグラフや表の書き方や読み方は，自分の意見を作る上で欠かせません。

　　図表という言葉があります。図というのは，グラフをはじめ，写真や地図などを総称した言葉です。図は，特徴的な結果を説明したいときに便利です。グラフの書き手は，特徴を割合，変化，差のいずれで表すことが，読み手に伝わりやすいのかを判断します。その一方で，数値を説明したいときには，表が便利です。図と表では，情報量が多いのは表です。迷ったら表を使います。

　　レポートに図表を使う場合には，表題が必要です。表は上に，図は下に書きます。それぞれ，図1，図2，表1，表2というように通し番号をつけます（図J-1）。

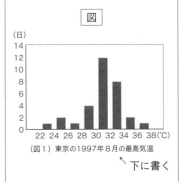

図J-1　表と図の見出しの位置

### J 数値を扱う

## ㉝ 調査結果の傾向を読み取る（ヒストグラム）

地理・数学・総合 / 中学校2年生

ステップ3

### ▍スキルの内容

　中学校に入ると小学校よりもグラフの種類が増え，分布という見方が加わります。分布については，新たな用語がいくつか出てきます。慣れない用語ですので定着するまでに時間のかかる子どももいます。しかし，分布という見方は日常使われますので，数学で学んだことをもとに活用する機会があると，用語が定着していきます。

　小学校で学習した棒グラフ（→差），折れ線グラフ（→変化），円グラフ・帯グラフ（→割合）に加えて，ヒストグラム（→分布）が加わります。それぞれのグラフからは何が伝わるのかという視点で特徴を整理し，資料の傾向の読み取り方を学びます。

　小学校同様，数学の時間に，ヒストグラム（柱状グラフともいう）を学習します。中学校1年生の後半に学習する内容であるとともに，アンケートの集計後には，必ず必要になる内容です。そこで，数学で学習したことを他教科や総合的な学習の時間で活用することを考慮し，中学校2年生で設定してあります。

### ▍指導方法

　資料の分布を調べるということは，散らばりのようすを調べることです。散らばりのようすは，グラフでも表でも表すことができます。分布を調べるときに，

　　　グラフの場合は　→ヒストグラム（柱状グラフ），度数折れ線

　　　表の場合は　　　→度数分布表

を使います（図J-2）。分けた区間を階級といい，階級に入っている個数を度数といいます。

度数分布表

| 階級（℃） | 度数（日） |
|---|---|
| 以上　未満 | |
| 22～24 | 1 |
| 24～26 | 2 |
| 26～28 | 1 |
| 28～30 | 4 |
| 30～32 | 12 |
| 32～34 | 8 |
| 34～36 | 2 |
| 36～38 | 1 |
| 計 | 31 |

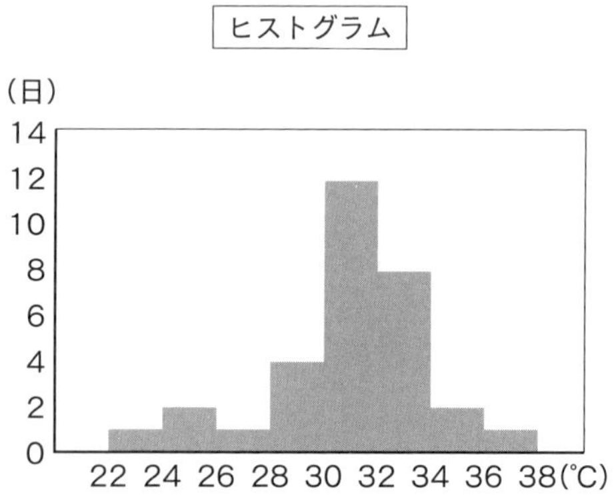

ヒストグラム

図 J-2　度数分布表とヒストグラムの例

ヒストグラムの上の辺の中点を結ぶと折れ線グラフのようになります。これを度数折れ線といいます。折れ線グラフとの違いは，両端の階級の横に度数が0の階級があるとみなしていることです（図J-3）。度数折れ線のメリットは，1つのグラフの中に2つの度数折れ線を書き，比較ができることです。

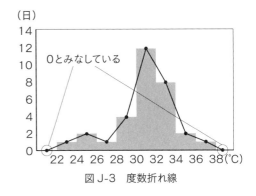

図J-3　度数折れ線

もう一方で，相対度数という用語があります。全体の数が違うときに，全体を1とする割合を使うと比較がしやすくなります（図J-4）。

　　グラフの場合は　　→度数折れ線

　　表の場合は　　　　→相対度数分布表

| 階級（cm） | 相対度数 A中学校 | 相対度数 B中学校 |
|---|---|---|
| 以上　未満 |  |  |
| 125〜150 | 0.05 | 0.03 |
| 150〜175 | 0.24 | 0.23 |
| 175〜200 | 0.18 | 0.19 |
| 200〜225 | 0.34 | 0.34 |
| 225〜250 | 0.11 | 0.13 |
| 250〜275 | 0.05 | 0.04 |
| 275〜300 | 0.03 | 0.04 |
| 計 | 1.00 | 1.00 |

図J-4　相対度数分布表と度数折れ線

ここまでは，表やグラフから，資料の分布を調べました。資料の特徴を1つの数値で表す方法もあります。1つの数値で代表させるときに，その数値のことを，代表値といいます。代表値には，平均値，中央値（メジアン），最頻値（モード）があります。

　　平均値

　　中央値（資料の大きさを順に並べたときに中央にくる値）

　　最頻値（度数分布表で度数の最も多い階級値）

どれを代表値として用いるのかは，資料の分布により変わってきます。分布に偏りがあるときには平均値は適しません。このようなときには中央値や最頻値を使います。また，数値で何を伝えたいのかという目的によっても，どれを代表値にするのかが変わってきます。

Ⅲ　整理・分析／考えをつくる

## ステップ3 J 数値を扱う

### ㉞ 標本調査から母集団の傾向を読み取る

| 数学・生徒会活動 | 中学校3年生 |

## スキルの内容

　　　　調査方法には全数調査と標本調査があります。国勢調査のように対象となる集団のすべてを調べることを全数調査といいます。その一方で，政党支持率やテレビの視聴率，食品のチェックのように，対象となる集団の中から一部を取り出して調べ，その結果から集団の傾向を推測する方法があります。これを標本調査といいます。日常生活の中では，すべてを調べられない場合がよくありますが，母集団の一部を標本として抽出し標本の傾向を調べることで，母集団の傾向を推測し読み取ることができることを学びます。

　　　　調査方法は中学校3年生の数学で学習する内容です。生徒は標本調査結果をテレビやインターネット上でよく見かけています。全数調査は，時間と経費がかかり，調べること自体が不可能に近い場合もあることから，標本調査がよく行われているからです。全数調査でも標本調査でも一見似たような表し方をします。しかし，母集団すべてを調査した上での傾向（全数調査）と，一部を調査して母集団の傾向を推測した場合（標本調査）とでは，受け取り方が異なります。標本調査は，一部の調査から母集団の傾向を推測するものですから，あくまでもその推測には誤りが生じる可能性があることを知っておく必要があります。年鑑や統計書をはじめ，インターネット上の資料には，調査結果をもとに判断された傾向が書かれている場合があります。そういうときに，全数調査なのか標本調査なのかを意識するだけで，その傾向についての受け取り方が変わってきます。新たに標本調査の概念を学習することで，情報に対する見方が広がります。数学で学ぶことではありますが，日常の調べ学習の中でも必要な知識となり，しいては情報を鵜呑みにしないための重要な知識にもなるのです。

## 指導方法

　　学年が上がるにつれ生徒の視野が広がり，調査結果を読むときの範囲が国や世界というように広がっていきます。また，アンケートをとる意味（目的）が，単に学級の実態を知ることから，校内の一部の標本から学校全体の傾向を推測することに変わってきます。この方法は効率的ではありますが，学校全体のどんな傾向を伝えたいのかという目的を見出した上で，そのためにはどのようにして標本を抽出するのかという方法を知る必要があります。例えば，食品のチェックを行うときには，製造したすべての食品を調査すると販売できる食品がなくなってしまいます。どの食品を標本とするのかを考えたときに，無作為抽出という方法が必要になってくるのです。

そこで，数学では，標本調査には母集団を推測するという考え方を理解することと，実際に標本調査を行うことで無作為抽出の必要性を理解するという2つの内容が織り込まれています。

　まず，全数調査と標本調査の違いから学習します。標本調査を行うときには，新しい用語を使います（図J-5）。

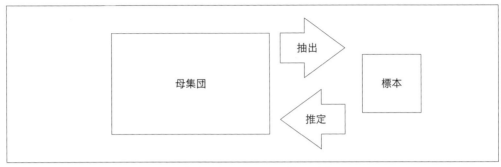

図J-5　標本調査をするときに使う用語

　　抽出：母集団から標本を取り出すこと
　　推定：標本から母集団を推測すること

　標本調査の目的は母集団の傾向を推定することです。そこで，標本を偏りなく抽出する必要があります。このことを無作為抽出といいます。無作為抽出する方法として，以下の4つの方法があります。①②は教室でもすぐにでき生徒も納得しやすく，③④はより簡単にできますが利用方法の理解が必要です。

　①くじ引きによる方法…全員の生徒の番号を書き，くじを引く
　②乱数さいによる方法…正二十面体のさいころに0～9までの数字が2個ずつ書いてある。乱数さいを2つ用意し，1つを10の位，もう1つを1の位としてさいころをふり，数値を決める。
　③乱数表による方法
　④コンピュータの表計算ソフトを利用して乱数を作る方法

　このようにして無作為抽出した標本の平均値を標本平均といい，これは推定した平均値であることから，実際の母集団の平均とは異なります。できるかぎり母集団の平均と標本平均が近づくように，工夫する必要があります。例えば，標本の数が増えるほど実際の母集団の平均に近くなりますが，調査に労力がかかります。この場合は，適切な標本の大きさを考える必要があります。推定の方法，標本の大きさ，抽出の方法などを工夫することにより，より信頼性の増す標本平均となります。

　最近目にする全数調査と標本調査の例として，国勢調査と国勢調査の速報があります。国勢調査は全数調査ですので時間がかかります。そこで，総務省統計局ではより信頼性の増す方法を使用し国勢調査の速報を出しています。

## J 数値を扱う

# 発達段階を意識して

「数値を扱う」については，すべて算数・数学の時間に学習します。算数・数学では，次のように系統立てられています。

〈小学校〉 資料の分類整理（4年生）→割合とグラフ（5年生）→資料の調べ方（6年生）

〈中学校〉 資料の散らばりと代表値（1年生）→確率（2年生）→標本調査（3年生）

〈高等学校〉 データの散らばり・データの相関（高校数学I）→確率分布・正規分布・統計的な推測（高校数学B）

系統を見ると，中学校で学習する内容は，調査結果を，差，変化，割合で表していた小学校とは大きく異なることがわかります。私たちが日常見るデータの理解には，中学校の学習内容を必要としているものが多く存在しています。

あえて情報リテラシーの中に，算数・数学の内容を位置づけたのは，アンケートを集計した結果をもとに，そのあと何を述べるのかということと大きく関わるからです。小学校段階では，集計結果の差や変化をもとに分析した結果を説明することから始まります。小学校5年生から全体を1とする割合の概念を用いることで，総数が異なる集団の比較が可能になることから，使用頻度が増えます。中学生になると，分布（散らばり）という見方が新たに加わり，集団の傾向を説明することができるようになります。さらに，一部の標本から母集団を推定するという標本調査を学びます。これらは算数・数学の知識ですが，アンケートを作成するときに，何のために集め，集計結果から何を見てどう説明するのかによって，差や変化，割合，分布，標本調査のどの方法を使うのかを選ぶ必要が出てくるのです。

アンケート以外でも，理科の実験後，結果を表やグラフで表してそこから自分の考えを導き出すときにも，社会科や総合的な学習の時間において，情報収集の際にデータを読み取るときにも算数・数学の知識が活躍します。プレゼンテーションで説明するときにも，表の数値やグラフを示すことにより，聴き手は何をもとに意見を言っているのかが理解できます。もちろんレポートを書くときにも表やグラフを入れる場合が多くあります。最近では国語科の教科書にも，グラフを使って説明しようという学習が組み込まれるようになりました。

このように，問題解決学習や探究的な学習において，図表は考えを見出すときに可視化・操作化・共有化できることから，集めた情報を整理・分析する上で重要なツールといえます。

# ステップ2 ㉜ 調査結果の特徴を読み取る（グラフ，表）

【習得させたいスキル】食料生産に関する複数のグラフより，我が国の食料生産の問題を見出すことができる。
【学年・教科領域】小学校5年生・社会
【学習の価値】社会科では調査結果（グラフ）を見て，気づいたことや考えたことから学習問題を作ることが多い。グラフの特徴を理解して内容を読み取ることは，社会事象の意味について考える力をつけることにつながる。
【使用する教材】ワークシート

### 学習の流れ（1時間）

- 私たちの生活と食料生産について学習してきました。我が国の食料生産の問題について，グラフをもとに考えましょう。
- ・天ぷらうどんの写真から，材料の「小麦粉」「エビ」「大豆」の共通点を話し合い，輸入されたものが多いことに気づく。
- ・輸入の割合を確認するために，主な食料の自給率のグラフからわかることを考える（帯グラフ）。
- ・自給率は本当に減っているかどうかを確認するために，日本と海外の主な国の食料自給率のグラフから，わかることを考える（折れ線グラフ）。
- ・どうして減っているのかを確認するために，日本産の価格と外国産の価格についてのグラフからわかることを考える（棒グラフ）。
- ・3つのグラフからわかったことをもとに，日本の食料生産が抱える問題について話し合う。

### 評価
差，変化，割合を意識して食料生産についてのグラフを読み，問いをもつことができる。

### 留意点
○算数で学習した内容を他教科に生かす内容である。社会科の授業では，グラフをたくさん扱うので，それぞれのグラフが何を表しているのかについて読み取れるようにしておきたい。

**資料**

## これからの食料生産とわたしたち

1. 天ぷらうどんの原材料から、気がついたこと。

　天ぷらうどん　小麦粉、エビ、大豆→輸入している

2. 資料を見て、気づいたことや考えたことを話し合おう。

**A** 主な食料の自給率
- 米　消費量の96%
- 小麦　11
- 大豆　7
- 果物　38
- 牛乳乳製品　65
- 野菜　79
- 肉　54

**B** 日本と主な国の食料自給率（カナダ、フランス、アメリカ、イギリス、日本）

**C** 日本産の価格と外国産の価格（小麦、たまねぎ、にんにく、牛肉）

| 帯グラフ | 折れ線グラフ　(例)体重、気温 | 棒グラフ　(例)ゴミの総排出量 |
|---|---|---|
| 割り合いを表す(100%全体) | 変化を表す | 量を比べる |
| 米は消費量のほとんどか。小麦と大豆は両方とも食料自給率が約10%ぐらい | イギリスは1975年に食料自給率が日本をこした。日本は1970年から少しずつ食料自給率が減っている。イギリスは1度だけ食料自給率が上がったかまた下がり続けている。 | 牛肉は日本産の方があきらかに高い。にんにくも外国よりもだんか高い。全ての食材が外国の方が安い |

3. A，B，Cのグラフから、日本の食料生産が抱える問題について話し合い、学習問題を作ろう。

　日本は食料自給率が減っているけど、どうして日本は減っていくこうけいにあるのだろう。

4. ふりかえり

　日本の自給率が減っていることが分かった。
　いまいちグラフの読み方が分からなかったけど、この授業で分かってよかった。

## ステップ3　㉝ 調査結果の傾向を読み取る（ヒストグラム）

【習得させたいスキル】ヒストグラムや代表値を用いて資料の傾向をとらえ，説明することができる。
【学年・教科領域】中学校2年生・地理
【学習の価値】日本の人口のヒストグラムから，少子高齢化が進んでいることがわかった。そこで，沼津市でも同じような傾向なのかについて調べるために，沼津市の人口ヒストグラムから傾向をとらえる学習を設定した。この学習を通して，数学で学んだ方法を他の場面で使うことができる体験を重ねることになる。
【使用する教材】ワークシート

### 学習の流れ（1時間）

 日本の人口ピラミッドを読み取り，沼津の人口ピラミッドと比べてみましょう。
・日本の人口について，知っていることを発表する。
・1950年と2000年の人口分布について，度数の最も多い年齢層を比べる。
　1950年（0〜4），2000年（50〜54）
・1950年と2000年の14歳以下の人口の割合を比べる。
・1950年と2000年の65歳以上の人口の割合を比べる。
・沼津も日本と同じ傾向か，予想する。
・沼津のヒストグラムから，度数の最も多い年齢層を調べ，国と比べる。
・沼津の14歳以下と65歳以上の人口の割合を調べ，日本と比べる。

### 評　価

ヒストグラムや代表値を用いて沼津市の人口の傾向をとらえ，国と比べて説明することができる。

### 留意点

○市の統計書で1950年や2000年以外のデータについても用意しておくと，生徒は興味をもって見るようになる。
○自分の住んでいる市のデータは，近年のものであれば県や市町のホームページから入手できる場合が多い。ホームページのデータからヒストグラムを作ることもできる。

## 資 料

### 人口は、どうなるの？

1 下のグラフは、日本の年齢別人口（男女別）＝人口ピラミッドです。
2つのグラフを比べて見ましょう。

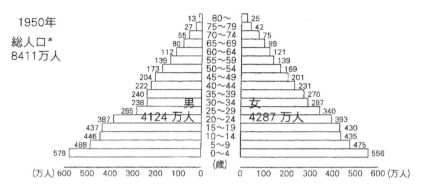

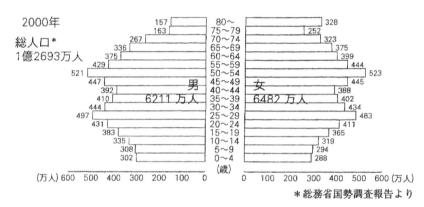

＊総務省国勢調査報告より

(1) 2つの年の人口分布について、度数のもっとも多い年齢層を比べてみましょう。

| 1950年 | 0〜4歳 | 戦後ベビーブーム |
| 2000年 | 50〜54歳 | ベビーブームの50年後 |

(2) 2つの年の14才以下、65才以上の人口の割合を比べてみましょう。

|  | 14才以下 | 65才以上 |  |
| --- | --- | --- | --- |
| 1950年 | 35.4% | 4.9% | 日本 |
| 2000年 | 14.5% | 17.3% | 日本 |

(3) 沼津市と比べてみましょう。（2000年）

| 度数の最も多い年齢層 | 50〜54歳 | |
| 14才以下と65才以上の割合 | 14才以下 14.1% | 65才以上 18.4% |

2 ふりかえり

時代によって人口が変わってくることが分かった。
1番多い値を見ることによって、その時代に子供が多かったのか、
それとも、落ちついてきているのかということも分かった。

## ステップ3　㉞ 標本調査から母集団の傾向を読み取る

【習得させたいスキル】身のまわりのことがらについて標本調査を行い，母集団の傾向をとらえることができる。

【学年・教科領域】中学校3年生・生徒会活動

【学習の価値】「昔の作品はなぜ難しいと感じるのだろうか」という疑問を解決するために，標本調査を用いる。文学作品の漢字使用率から，母集団の傾向をとらえ説明することで，標本調査を使って自分の課題を解決するときの手法を知る。ここでの学びは，数学の学習を委員会活動，すなわち日常生活に生かすことにつながる。

【使用する教材】昭和（半ば）時代の文学作品　井伏鱒二『黒い雨』新潮社，最近の文学作品　あさのあつこ『バッテリー』教育画劇，ワークシート

### 学習の流れ（1時間）

🕐 名作と呼ばれ，教科書にも載っている昭和の文学作品と，現代の作品の漢字の使用率を標本調査し，結果をポスターにまとめましょう。

・調査する時代と現代の作品（本）を確認する。

| 時代 | 作品名 | 著者名 | 総ページ数 |
|---|---|---|---|
| 昭和 | 黒い雨 | 井伏鱒二 | 382 |
| 平成 | バッテリー | あさのあつこ | 242 |

・調査方法を考える。

| 調査ページ | 黒い雨　38ページ，バッテリー　20ページ（1割程度） |
|---|---|
| 分担 | 1人　4ページ |
| 方法 | 漢字の数／総文字数 |

・分担して　漢字の数／総文字数　を数える。
・昭和と平成の作品の調査結果を表にまとめ，母集団の傾向をとらえる。
・ポスターにしてまとめる。

### 評価

2冊の本の漢字の使用率について標本調査を行い，母集団の傾向をとらえて，委員会のポスターに仕上げることができる。

### 留意点
○全数調査ではないので，どの程度調査すればよいのかについて考えさせたい。

### 資料

図書委員会　卒業制作
学習した事を生かそう～「文学作品の漢字使用率を標本調査しよう。」

1　1人4ページを分担する。担当ページは、乱数サイコロで決める。

| 分担 | | 1 | 2 | 3 | 4 | 5 | 6 | 7 | 8 | 9 | 10 | 合計 |
|---|---|---|---|---|---|---|---|---|---|---|---|---|
| 黒い雨 | 漢 | 560 | 523 | 560 | 581 | 634 | 661 | 593 | 693 | 698 | 276 | 5779 |
| 38 P | ひ | 1123 | 1137 | 1107 | 1169 | 1256 | 1286 | 1018 | 1220 | 1257 | 593 | 11166 |
| バッテリー | 漢 | 301 | 283 | 241 | 205 | 231 | 196 | | | | | 1457 |
| 24 P | ひ | 991 | 966 | 1123 | 882 | 872 | 973 | | | | | 5807 |

結果　　（漢字／全体の文字数）

| 黒い雨 | 5779 ／ 16945 | 漢字使用率 | 34% |
|---|---|---|---|
| バッテリー | 1457 ／ 7264 | | 20% |

2　標本調査の結果から分かる漢字の使われ方の傾向をとらえよう。

　バッテリーより、黒い雨の方が14％漢字使用率が高い。

3　調べたことをポスターにして伝えよう。

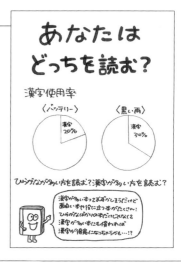

## K 筋道を通す

| ステップ | | 教科 | 学年 |
|---|---|---|---|
| ステップ1 | ㉟ なぜ・なにシートを使って主張と根拠を組み立てる | 国語・生活 | 小学校1／2年生 |
| ステップ2 | ㊱ ピラミッドチャートを使って事実・意見・主張を組み立てる | 国語・社会・理科・総合 | 小学校5／6年生 |
| ステップ3 | ㊲ ピラミッドチャートを使って構造化する | 国語・社会・理科・総合 | 中学校1年生 |

Ⅳ まとめ・表現／まとめる

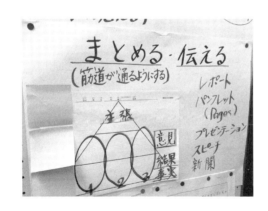

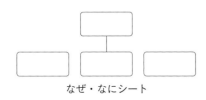

なぜ・なにシート

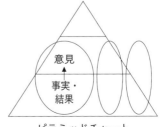

ピラミッドチャート

| ステップ1 | K 筋道を通す | | |
|---|---|---|---|
| | ㉟ なぜ・なにシートを使って主張と根拠を組み立てる | 国語・生活 | 小学校1／2年生 |

## スキルの内容

　「言いたいこと」は，小学校の低学年からもっています。しかしながら，それを相手に伝えるためには，相手がイメージできる理由や事例を組み入れる必要があります。そこで自分の「言いたいこと」を相手に伝えるために，適切な根拠（「理由」や「事例」）を選んで組み立てるスキルを習得します。

　「言いたいこと」に対する根拠を描くときに，「なぜ・なにシート」が役立ちます。小学校低学年では，「なぜ（理由）」や「なに（事例）」が混ざることが多いことから，それらを特に区別せず，「なぜ・なにシート」と言うことで，子どもがイメージしやすくなります。「組み立てる」ことにより，言いたいことと根拠を使って伝えることができるため，相手に伝わりやすくなります。組み立てることを学ぶと，相手に伝える活動に役立ちます。

## 指導方法（1）「組み立てる」という用語のイメージをもつ

　小学校低学年の子どもの中には，既習体験の中で「組み立てる」ことのイメージをもっている子どもがいます。ブロックを組み立てる，積み木を組み立てる，プラモデルを組み立てる，パズルを組み立てるなど，部分ごとのパーツを組み立ててひとつのものを作るというイメージです。しかしながら，すべての子どもが組み立てるというイメージをもっているとは限りません。そこで，「パーツ（部分）」をもとに「何か（全体）」を「組み立てる」という活動を設定します。

　例えば，「○，△，□などのパーツをもとに，何かの形を作成する」「円柱，直方体，三角柱などの積み木で，何かの形を作成する」というように，部分を組み合わせることで何かができあがり，何ができあがったのかを紹介し合う活動が効果的です。

　手を動かす体験を通して組み立てるというイメージをもったところで，お話を組み立てる，伝えたいことを組み立てるというように，抽象度を少しずつあげていくようにします。

## 指導方法（2）なぜ・なにシートの使い方

　小学校1年生の終わり頃になると，新入生が入ってくるということで，子どもの気持ちは高まります。

　　T：新入生に伝えたいことはどんなことですか？
　　C：学校は楽しいところだよって言いたいな。

図 K-1　絵で表現したなぜ・なにシート

　こんなやりとりがよく行われます。子どもの心にある「学校は楽しいよ」という伝えたいことに対して，それぞれの子どもが描く楽しいことは，皆違います。そんなときに，なぜ・なにシートを使って絵を書いてみます（図 K-1）。A さんは，給食の時間と，ひらがなを習うことと，休み時間に遊んだ一輪車の絵を描きました。なぜ・なにシートをもとに A さんは，「学校は楽しいところです。給食がおいしいよ。国語の時間にひらがなを習うよ。休み時間にお友だちと一輪車に乗ることができるよ。学校に入ったら，一緒にあそぼうね」と，お話ができるようになります。描いた根拠は，子どもによって違います。なぜ・なにシートを見せながら，互いに紹介し合うことは，「話す・聞く」の学習にもつながります。また，なぜ・なにシートをもとに絵手紙を描いて，新入生へのプレゼントとすることもできます。

### 発展　小学校３年生の国語科で活用する

　　　身のまわりの記号を集め，集めた記号を分類して整理したあと，主張と根拠（理由・事例）を組み立てて伝えるという学習です。この学習の中に，
　　課題の設定　→どういう場所で記号を集めたいのかを決める
　　情報の収集　→記号を集める
　　整理・分析　→集めた記号を分類する
　　まとめ・表現→言いたいことをもとに具体例を選んで組み立てる
　　　　　　　　なぜ・なにシートをもとに話す
という過程が含まれています。

　整理・分析すれば，それで表現できると思うかもしれません。しかしながら，小学生は，整理・分析しただけでは，表現するときの全体像を描くことができないのです。言いたいことに対して根拠を組み立てることにより，表現したいことの全体像を描くことができるようになるのです。

図 K-2　なぜ・なにシートを使っている様子

## ステップ2 K 筋道を通す
### 36 ピラミッドチャートを使って事実・意見・主張を組み立てる

国語・社会・理科・総合　小学校5／6年生

### ▌スキルの内容

「言いたいこと」を相手に伝えるために根拠を選んで組み立てるスキルを習得した後、根拠をさらに事実と意見に細分化したいときに必要なスキルを学習します。すなわち、事実・意見・主張を組み立てるスキルを習得します。

事実・意見・主張を組み立てるスキルを習得するときに役立つのが、ピラミッドチャートです。なぜ・なにシートの発展としてピラミッドチャートを使うことができます（図K-3）。小学校高学年において、事実・意見・主張と3段に分けるのが難しく、なぜ・なにシートでは幼い印象を受ける場合は、2段のピラミッドチャートを使用します。上の段は主張、下の段は事実・意見とします。

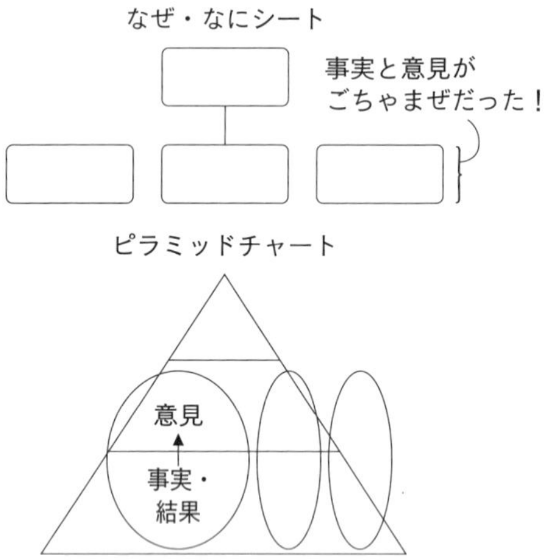

また、はじめ、なか、おわりを意識させたいときには、スピーチメモ使う場合もあります（図K-4）。

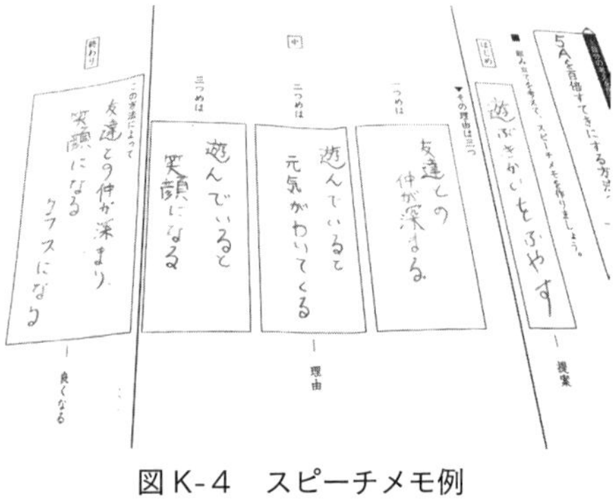

図K-3　なぜ・なにシートとピラミッドチャートとのつながり

図K-4　スピーチメモ例

### ▌指導方法（1）伝える相手を意識する

「まとめ・表現」の過程のうち、K「組み立てる」は「まとめ」の方をさします。「表現」の前にある「まとめ」では何をするのかということを、低・中学年においては体験的に理解してきました。高学年になったら、「まとめ」の意味を扱う時間が必要です。これまで見てきたⅠ「課題の設定」、Ⅱ「情報の収集」、Ⅲ「整理・分析」の過程は、自分にとって興味のあるテーマを決め、自分が必要だと思った情報を集め、整理・分析して自分の主張を導いています。つまり、すべてが自分の側から見ています。

ところが、Ⅳ「まとめ・表現」からは視点が自分側から相手側に変わります。自分の主張を相手に伝えるには、どういう組み立てをしたらよいのかを考えるからです。よって、「まとめ」では、伝える相手を意識することが重要になります。

そこで,「まとめ」段階では,誰に伝えるのかを子どもに示すことが必須となります。もちろん,子どもが目的や対象を意識して学習を進めている場合は,単元の一番初めに示しても構いません。「まとめ」の前までは自分が中心になって探究の過程を経ていきますので,対象を意識して学習を進めていない場合は,「まとめ」の段階で伝える相手を具体的にイメージするための時間を設定すると効果的です。

　地域の方,クラスの友だち,下級生では,使う用語や具体例の示し方などが変わってきます。そのためにも,子どもが伝える相手はどういう人たちなのかを,共有する必要があります。

## 指導方法（2）ピラミッドチャートの使い方

　ピラミッドチャートは組み立てるときに便利です。どのように組み立てるのかについては,様々な使い方があります。ここでは初めて使うときに留意することを紹介します（図K-5）。

①3段が示していること
- なぜ・なにシート,もしくは,2段のピラミッドチャートから発展させる。
- 下から,事実・意見・主張となる。
- 事実には,調べたこと,インタビューやアンケートをとった結果,実験結果,などがある。

②書く順序（慣れてきたら好きな順で書くようになる）
- まず一番上の段に, 主張 （言いたいこと,伝えたいこと）を書く。文章でもキーワードでもどちらでもよい。もちろん書きかえは何度でもできる。
- 次に, 主張 （言いたいこと,伝えたいこと）を伝えるのに最も適している 根拠 を選び,真ん中の段に書く。根拠は,2または3個選ぶ。
- 最後に,一番下に, 根拠 のもとになる 事実や結果 を書く。

③事実・意見・主張のつながり
- 事実と意見,意見と主張のつながり方を確認する。線で結んでもよい。

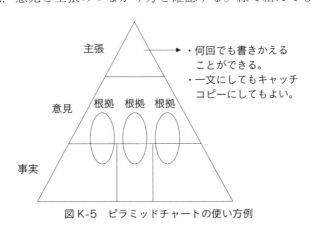

図K-5　ピラミッドチャートの使い方例

| ステップ3 | **K** 筋道を通す | | |
|---|---|---|---|
| | **㊲ ピラミッドチャートを使って構造化する** | 国語・社会・理科・総合 | 中学校1年生 |

## スキルの内容

事実と意見と主張をつなげるといっても、そのつなげ方には幾通りもの方法があることを学ぶのが、中学生の段階になります（図K-6）。

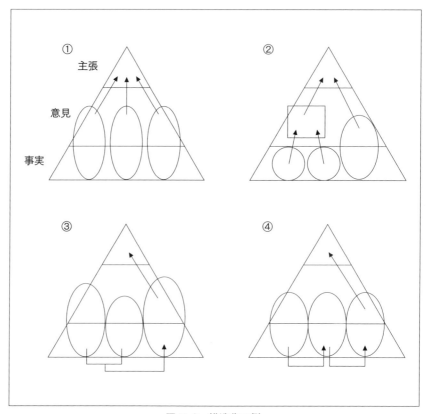

図K-6　構造化の例

## 指導方法

小学校で学習した説明文の中から、社会科学的なものと自然科学的なものを2本用意します。そして、その構造を教員が事前にピラミッドチャートに表しておきます。

授業はその比較から始めます。ピラミッドチャート上で、矢印を用いてつながりを示したり、説明的な文章ではどういう接続詞を使っているのかを探したりすることを通して、構造の違いを整理します。

そうした上で、結論へとどうつながっているのかを確かめます。

自分が書きたい文章は、どのつながり方なのかを判断し、ピラミッドチャート上で構造化ができてから、文章を書き始めます。

## K 筋道を通す
# 発達段階を意識して

「まとめ」の段階では，誰に伝えるのかが常に重要であり，相手をどのように認識していくのかが発達段階における指導の重点と重なります。

「なぜ・なにシート」を使って組み立てる小学校低学年から，「ピラミッドチャート」を使って構造化する中学生になるまでに，子どもの相手意識のもち方が変化していきます。ですから指導の重点も発達段階に沿っていく必要があります。

〈相手の認識の仕方と指導の重点〉

○小学校低学年　あくまでも1対1対応が基本である。授業ではお隣とのペア学習ができる。また，国語科では，時間を追いながら読み進めたり，順序を意識して作業したりするなど，順序に注目する。

→一人の友だちを見て話す（教員や親でも構わない）。聴き手は，順番で理解しようとする。構造的な伝え方は理解できない。時系列を追って順序よく話すように指導する。

○小学校中学年　1対1対応から少しずつ，1対2，1対3対応ができるようになり，グループ学習ができるようになる。役割を意識して，グループで仕事ができるようになる。ただし，個人差は大きい。グループでのトラブルも多いが，教員が支援しながら自分たちでの解決の場を設定することが，自力解決力を培うことになる。俯瞰的にものごとを見ることができるようになる。はじめ・なか・おわりという文章構造を学習する。

→グループ活動を好む年齢である。グループ活動では役割分担を明確にして行うようにする。国語科で，はじめ・なか・おわりという文章構造を学び始めているので，意識して使うようにする。2年生まで順序を学習しているので，俯瞰し見る見方は意外と定着しにくい。場数を踏むことはもちろん，色分けしたり囲ったりするなど，視覚に訴える工夫も効果がある。

○小学校高学年　1対複数対応が理解できるようになる。学級の中の自分を意識するようになる。相手意識をもつようになることから，敬語の学習も始まっている。

→相手に伝えるために，自分の主張に対しどんな根拠をもってきたらいいのかと考えることができるようになる。

○中学校　相手に伝えるために必要な概念を示す抽象用語が増えてくる。抽象用語を用いて，事実・意見・主張をつなげることができるようになる。

→伝える側と同様に受け取る側に立ったときにも，子どもは抽象用語を習得する。受け手への指導も重要な時期である。

**ステップ1** **㉟ なぜ・なにシートを使って主張と根拠を組み立てる**

【習得させたいスキル】主張に対していくつかの根拠（事例や理由など）をなぜ・なにシートに書くことができる。
【学年・教科領域】小学校2年生・国語
【学習の価値】「名人をしょうかいしよう」（小学校2年生国語科教科書，東京書籍）の学習で，○○名人に対して紹介したいことを3つ選ぶ学習活動を設定する。そのときに，なぜ・なにシートを使うことによって，言いたいことに対する事例や理由が可視化される。このような学習を通してなぜ・なにシートを使って，話すことを組み立てたり，友だちに話したりすることができるようになる。
【使用する教材】シンキングツール（なぜ・なにシート）

**学習の流れ（3時間）**

🕐🕐🕐 書くことを組み立てましょう。
・身の回りの名人を探す。
・なぜ・なにシートを使って組み立てる。
🕐🕐🕐 名人しょうかいカードを書きましょう（右図参照）。
🕐🕐🕐 名人をしょうかいしましょう。

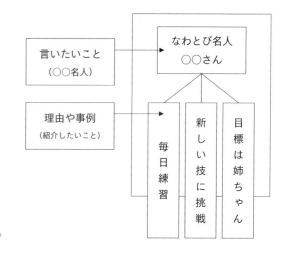

**評 価**

なぜ・なにシートを使って，紹介することを組み立てたり，友だちに話したりすることができる。

**留意点**

○なぜ・なにシートは1人2～3枚作成し，最も気に入ったものを選ぶ。
○なぜ・なにシートなど，組み立てるときに使うシンキングツールは図書館に置いておくとよい。学校図書館の活用は情報・資料を集めるだけではなく，課題の設定，整理・分析，まとめ・表現の過程で使うシンキングツールを揃えておくことにより，探究の過程を意識するようになる。

| ステップ2 | **㊱ ピラミッドチャートを使って事実・意見・主張を組み立てる** |

【習得させたいスキル】「事実」「意見」「主張」を組み立てることができる。
【学年・教科領域】小学校6年生・総合的な学習の時間
【学習の価値】主張と根拠（事実・意見）の筋道をピラミッドチャートで可視化する体験を通して，相手に伝えるときには事実・意見・主張のつながりを意識するようになる。
【使用する教材】シンキングツール（ピラミッドチャート）

### 学習の流れ（1時間）

 東京研修旅行を終え，自分が一番伝えたいことをピラミッドチャートを使ってまとめましょう（例　国会議事堂）。
・国会議事堂の見学で，一番伝えたいと思ったことを話し合う。
　　　長い歴史がある
　　　法律を決める場所であることがわかった
・国会議事堂の見学でのメモや資料をもとに，自分が言いたいことの根拠となるキーワードを付箋紙に書き抜く。
・書いた付箋紙を分類し，2つか3つのグループ分け，ラベリングをする。
・ピラミッドチャートの一番上の段に，一番伝えたいことを書く。
・ピラミッドチャートの一番下の段に，付箋紙を貼る。
・付箋に対し，自分の意見を真ん中の段に書く。
・3つの「事実」「意見」「主張」の筋が通っているかどうか，友だちと情報交換する。

### 評価

「主張」の根拠（「事実」と「意見」）を2つまたは3つ取り上げ，それらを組み立てることができる。

### 留意点

○一番言いたいこと（主張），事実，意見の順で組み立てると，子どもにとって無理がない。

**資 料**

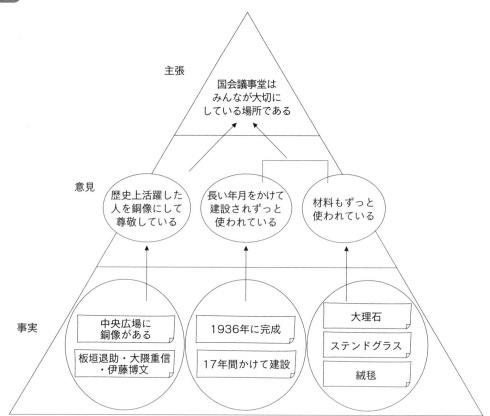

## ステップ3　㊲ ピラミッドチャートを使って構造化する

【習得させたいスキル】説明する観点を決めて情報を整理し，わかりやすい構成を考えて書くことができる。

【学年・教科領域】中学校1年生・国語

【学習の価値】「わかりやすく説明しよう」は，わかりやすい構成を考えて説明文を書く教材である。ピラミッドチャートを使って構造化する方法を学ぶことは，観点を立てて書くことの意識化につながる。

【使用する教材】シンキングツール（ピラミッドチャート），学校だより，PTA新聞，校内生活の写真

### 学習の流れ（3時間）

① 資料を見て「○○中学校のよさ」をまとめましょう。
- 個人で，思いつく事実を付箋に記入する。
- 班別にグルーピングをして発表する。
  （後ほどピラミッドチャートの「事実」に使用する）
- ピラミッドチャートの「主張」を記入する。

② 「○○中学校のよさ」を説明するために，ピラミッドチャートを完成させましょう。
- 「主張」を支える「事実」の記入をする。
- 「主張」と「事実」をつなぐ「意見」を記入する。

③ ピラミッドチャートをもとに，伝えたいことを書きましょう。
- 目的と相手を明確にして説明文を書く。

### 評　価

自分の主張を説得力のあるものにするための事実を書くことができる。

ピラミッドチャートが説明文の構造を表していることを理解して記入することができる。

### 留意点

○教材配置の順を入れ替えて，「ダイコンは大きな根？」（中学校1年生国語科教科書，光村図書出版，5月実施の説明文教材）でピラミッドチャートを使って文章の構造を確認した後に，本教材に取り組むと一層学習が深まる。

○ここでは「○○中学校のよさ」というテーマとしたが，「○○市のよさ」であれば広報誌や公共物のパンフレットなど，「○○国のよさ」であれば図書資料を用意して取り組むことができる。

**資料**

# ピラミッドチャート

日付　月　日　　年　組（　）名前

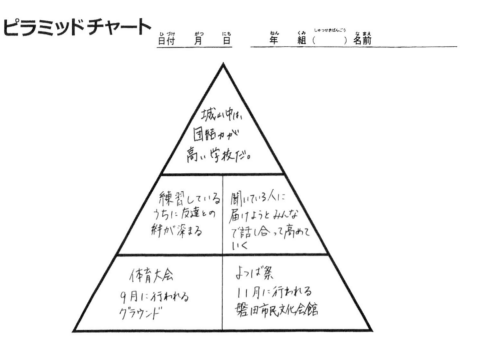

**評価表**

| 観点 | 評価の観点 |
|---|---|
| 関心 | 十分な量である。 |
| 書く | 事実・意見・主張の構成ができている。 |
| 書く | 事実が主張の根拠となっている。 |
| 書く | 事実と主張を意見がつないでいるか。 |
| 言語 | 表記の間違いが3つ以内に収まっているか。 |
| 総合評価 | A |

題　城山中の良さ

氏名

私が通っている城山中学校を紹介する。私が特に城山中学校は、団結力が高いと思うところは二つある。体育大会とよつば祭だ。

城山中学校は、九月に行われる体育大会の一つ目は、九月に行われる体育大会だ。クラスマッチで全力で取り組んで、一組のみんなで協力して戦うところが良いと思っている。練習しているうちに友達との絆も深まり、育まれる。

二つ目は、十一月に行われるよつば祭だ。よつば祭は、全校生徒が磐田市民文化会館で一つの曲を作り上げていく行事である。聞いている人に届けるために、みんなで話し合って一つの思いを届ける。

私は、この二つの行事を通して、城山中学校は団結力の高い学校だと強く思った。

## L プレゼンテーションをする

|  | | | |
|---|---|---|---|
| ステップ1 | ㊳ 形式に沿ってプレゼンテーションを行う（紙芝居） | 国語・総合 | 小学校3／4年生 |
| ステップ2 | ㊴ 主張が伝わるプレゼンテーションを行う | 国語・社会・総合 | 小学校5／6年生 |
| ステップ3 | ㊵ 相手や目的に応じたプレゼンテーションを行う | 国語 | 中学校2年生 |

## M 事実や事柄を正確に伝える

|  | | | |
|---|---|---|---|
| ステップ1 | ㊶ はじめ・なか・おわりを区別して報告する文章を書く | 国語 | 小学校3／4年生 |
| ステップ2 | ㊷ 事実（結果）と自分の考えを区別して報告する文章を書く | 国語・社会・総合 | 小学校5／6年生 |
| ステップ3 | ㊸ レポートの形式を知る | 国語 | 中学校1年生 |
| ステップ3 | ㊹ レポートにまとめる | 国語 | 中学校1年生 |
| ステップ3 | ㊺ わかりやすい説明の仕方を工夫する | 国語 | 中学校2年生 |
| ステップ3 | ㊻ 自己の考えを明確にしてレポートにまとめる | 理科 | 中学校3年生 |

## N 根拠に基づいて考えを伝える

|  | | | |
|---|---|---|---|
| ステップ2 | ㊼ 要約や引用を取り入れて意見文を書く | 国語 | 小学校5／6年生 |
| ステップ3 | ㊽ 立場と根拠を明らかにして意見文を書く | 国語 | 中学校2年生 |
| ステップ3 | ㊾ 根拠を明らかにして説得力のある批評文を書く | 国語 | 中学校3年生 |
| ステップ3 | ㊿ 文章の形態を選んで書く | 国語 | 中学校3年生 |

Ⅳ まとめ・表現／表現する

## L プレゼンテーションをする

### ㊳ 形式に沿ってプレゼンテーションを行う(紙芝居)

国語・総合　小学校3／4年生

### ▌スキルの内容

　小学校3年生の説明文の学習では、文章全体を概観し、「はじめ」「なか」「おわり」をいう3つの部分で組み立てられているという視点で文章を読んでいきます。ここで習得するのは、読むことで学んだ「はじめ」「なか」「おわり」という構成にそって、スライド(紙芝居)を作成し、プレゼンテーションを行うスキルです。

### ▌指導方法

　なぜ・なにシート(図L-1)をもとに、スライド(紙芝居)を作成します。

　　紙芝居表紙　　タイトルと名前
　　紙芝居1枚目
　　(なぜ・なにシートにはない！)
　　紙芝居2枚目　なぜ・なにシート1つ目
　　紙芝居3枚目　なぜ・なにシート2つ目
　　紙芝居4枚目　なぜ・なにシート3つ目
　　紙芝居5枚目　言いたいこと

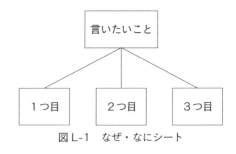

図L-1　なぜ・なにシート

　なぜ・なにシートと紙芝居を照らし合わせると、紙芝居1枚目に書くことが、なぜ・なにシートにはないことに気づきます。つまり、はじめに何を書いたらよいのかを学ぶことがねらいとなります。

　はじめには「問い」がきて、おわりには「答え」がくることを、説明文を読むときに学びます。しかし、自分の言いたいことを伝えるときに、いつもはじめに「問い」がくるとは限りません。話すときには、聞き手にどんな話なのかをイメージしてもらうために、はじめに概要(あらかた)を伝えたり、何の話題なのかを説明したりします。また、これから話すことに興味をもってもらうような投げかけをすることもあります。これらを組み合わせて1枚目とすることもあります。

　そこで、紙芝居の1枚目の見本を子どもに見せてから、作成し始めます。紙芝居は、見出しやキーワード、図(写真・絵・地図・グラフなど)や表を中心とし、文章はできる限り書かないようにします。文章は頭の中に書くと、子どもに説明します。

L プレゼンテーションをする

# ㊴ 主張が伝わるプレゼンテーションを行う

国語・社会・総合　小学校5／6年生



## スキルの内容

主張を伝えるには，その根拠をプレゼンテーションのスライドに示す必要があります。根拠として図（写真・絵・地図・グラフなど）や表を使うことを学びます。

根拠として使う図や表は，「情報の収集」の段階の情報カードに記入したことや，「整理・分析」の段階で作成したグラフやシンキングツールなどをもとに作成することができます。

## 指導方法

ピラミッドチャートをもとに，プレゼンテーションのスライドを作成します（図L-2）。

スライド表紙　タイトルと名前
スライド1枚目　はじめ
スライド2枚目　事実・意見1つ目
スライド3枚目　事実・意見2つ目
スライド4枚目　事実・意見3つ目
スライド5枚目　言いたいこと

図L-2　スライド作成の様子

事実と意見を1枚のスライドに入れるのが難しい場合は，事実で1枚，意見で1枚というようにスライドを増やします。

ピラミッドチャートに書いた3つの事実・意見を，どのような図表で示すことができるのかを体験を通して学びます。図には，写真，絵，地図，グラフなどがあります。「情報の収集」の段階での情報カードや「整理・分析」の段階でのシンキングツールなどの中から，使いたい図を選んでみましょう。

プレゼンテーションというと，コンピュータのプレゼンテーションソフトを使用することをイメージしやすいのですが，そうではありません。スライドは紙で作成することもできます。紙の大きさは，小さいほど時間がかからず，持ち運びも便利です。時間をかけずに簡単に作ることで，プレゼンテーションを行うことに時間をかけることができます。また，実物を見せてプレゼンテーションを行う場合もありますし，これらを組み合わせることもできます。いかに，主張を伝えるのかが重要なのです。

## L プレゼンテーションをする

### ㊵ 相手や目的に応じたプレゼンテーションを行う　　国語　　中学校2年生

（ステップ3）

### ▍スキルの内容

　　相手や目的に合わせて，主張を伝えるための根拠（図表）をもとに説明するスキルを習得します。

　中学生になると，相手を想定して用語を使うことができるようになります。また，目的に応じて根拠（図表）を作成する技術も小学生より高くなっています。コンピュータの表計算ソフトやプレゼンテーションソフトを使いこなせるようにもなります。また，紙を使ったプレゼンテーションでも，相手や目的に合わせて，地図や絵，シンキングツールなどから選んで作成することができます。国語科で基本を学習しますが，各教科等で繰り返し活用することにより，プレゼンテーションスキルが向上します。

### ▍指導方法

　　「情報の収集」で集めた調査結果や写真など，「整理・分析」で使用した表やグラフ，シンキングツール，そして「まとめ」で使用したピラミッドチャートをもとに，プレゼンテーションのスライドを作成します。

　スライド構成は，「はじめ」「なか1」「なか2」「なか3」「おわり」となります。中学生になると，なかは3つで構成すると説得力が増します。もちろん，難しい場合は2つでも構いません（説明するときには，2つだと物足りなく，4つだと多く感じることから，3つが適切とされています）。

　中学生では，次の2点に留意します。

　まず，「はじめ」では，いかに相手を自分の話題に引っ張ってくるかの工夫をします。聞き手の気持ちをつかむことはもちろん必要です。加えて，目的を端的に伝えることは，中学生で特に留意したいことです。動機を入れると，話し手の背景にあることが聞き手に伝わります。目的や動機についてスライドを作るときはキーワードや文章など，文字が必要になります。その場合は，改行に気をつけたり，隙間をいれたりするなど，視覚的に工夫をして聞き手の負担を軽減します。

　次に，「なか」の各スライドは，「おわり」の主張とつながるような根拠となる図表を選びます。そして，話すときには図表をていねいに説明します。その上で，自分の意見を述べます。スライド上での自分の意見を示す色や書体などを一定にすると，スライドが変わっても，聞き手は「意見だな！」と読み取ってくれます。

## L プレゼンテーションをする
# 発達段階を意識して

　プレゼンテーションは，聞き手に興味をもって聞いてもらうための工夫が常に必要です。はじめに興味をもってもらえなかったら，どうでしょうか。聞き手が途中でわからなくなったら，そこでもう聞いてはもらえません。プレゼンテーションに大切なことは，相手がいるということをどれだけ意識できるのかということです。

　プレゼンテーションでは，聞き手が途中でもう一度聞き直すことはできません。話し手と聞き手の齟齬を極力減らすために，プレゼンテーションには発達段階にかかわらず暗黙のルールやマナーがあります。

〈構成〉

　説明文同様，「はじめ」「なか」「おわり」で構成するということです。聞き手が見通しをもって聞くことができるように，いまどこを話しているのかという経過を示す言葉を使いながら行います。また，「はじめ」では，聞き手の気持ちをつかむための工夫をします。聞き手がどういう情報を必要としているのかを考え，それを提供します。

〈紙芝居・スライド〉

　スライドを使う場合は，1枚の中に情報を詰め込まないようにします。受け取れる情報は，1枚のスライドに1つの情報です。文字を書くのではなく図表をもとに説明するようにします。また，色を多用せず，シンプルに作成します。はじめは簡単な絵から，そして写真，さらに，グラフやシンキングツールを使っていきます。

〈話し方〉

　プレゼンテーションを行うときは，聞き手の理解度を確認する意味でも，聞き手の顔を見ながら話します。聞き手に向けて話すことができるようになるには，場数を踏むことも必要です。また，たくさんのことを伝えようとすると，内容の伝達に意識が集中してしまいます。そうではなく，言いたいことをできるかぎり絞り，具体的な図表などを用いて，短い時間で伝えることが大切です。

〈プレゼンテーションの後〉

　自分の主張を伝えた後，質問やディスカッションの場を設けることが重要です。この時間のやりとりから，新たな視点や課題が見出されたり，今後に生かせることを聞き手からもらうことができます。はじめは簡単な問いかけから始め，徐々に，プレゼンテーションに対しての意見交換へと進んでいきます。

**ステップ1** **㊳ 形式に沿ってプレゼンテーションを行う（紙芝居）**

【習得させたいスキル】「はじめ」「なか」「おわり」に分けてスライド（紙芝居）を作り，プレゼンテーションを行うことができる。
【学年・教科領域】小学校3年生・総合的な学習の時間
【学習の価値】「地域を調べて発信しよう」の単元では，「はじめ」「なか」「おわり」の組み立てを理解してスライド（紙芝居）を作成する。この学習を通して，説明的な文章で学習した文章構成は，話すときにも使えることがわかる。
【使用する教材】シンキングツール（ベン図）

### 学習の流れ（1時間）

 ベン図をもとに，スライド（紙芝居）を作ってみましょう。
・見本のスライドには何が書かれているのかを話し合う。
　　「はじめ」は，テーマ（問い），調べたきっかけ
　　「なか」は，調べた内容
　　「おわりに」は，言いたいこと
・見本のプレゼンテーションとベン図を比べる。

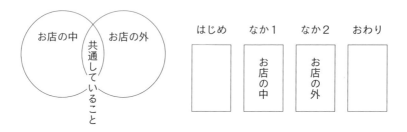

・1枚目には，何を書いたらよいのかを話し合う。
・4枚目には，何を書いたらよいのかを話し合う（次ページ「資料」参照）。
　　→「おわり」は，共通点をもとに，自分の言いたいことを書く。
・2, 3枚目は，ベン図を見て書く。
・ミニ紙芝居のようにスライドを書いて，「はじめ」「なか」「おわり」の筋が通っているかどうか，友だちと意見交換する。

### 評 価
ベン図をもとに「はじめ」「なか」「おわり」の構成でスライド（紙芝居）を作ることができる。

#### 留意点

○スライドを作るときは，絵と図を中心にし，文字をぎっしり書かないようにすると，聞き手にとって見やすくなることを押さえる。
○発表のときには，「原稿は頭の中に書こうね」と子どもに語りかける。そのため，スライドには，発表のときの手がかりとなるようなキーワードを書くように指示する。
○作った作品は，学校図書館に保存し，次年度の学習に生かす。

#### 資料

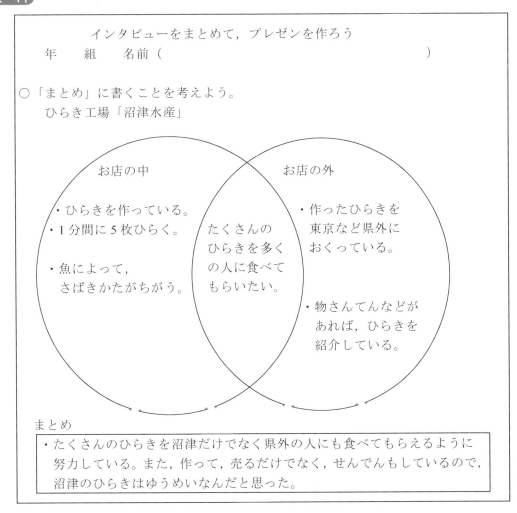

# ステップ2 ㊴ 主張が伝わるプレゼンテーションを行う

【習得させたいスキル】主張が伝わるプレゼンテーションを行うことができる。
【学年・教科領域】小学校6年生・総合的な学習の時間
【学習の価値】ピラミッドチャートをもとに,主張と事実・意見をつなげたプレゼンテーションのスライドを作成することは,主張が伝わるプレゼンテーションを行う基本となる。
【使用する教材】教員の見本のスライド(紙芝居)とピラミッドチャート

## 学習の流れ(2時間)

🕐🕐 プレゼンテーションのスライド(紙芝居)を作りましょう。
・見本スライドと見本ピラミッドチャートを比べる。
・はじめのスライドに書くことを話し合う。
・おわりのスライドに書くことを話し合う。
・事前に作ってあるピラミッドチャートをもとに,プレゼンテーションのスライドを作る。「表紙」「はじめ」「なか1」「なか2」「なか3」「おわり」のスライドを作る(スライドは,見出しと絵(図)で構成して書く)。

🕐🕐 プレゼンテーションを行いましょう。
・自分でスライドを指さしながら練習する。
・隣同士で発表し,アドバイスを受ける。
・プレゼンテーションの発表で注意することに気がつく。
・グループ内で発表する。

## 評価

ピラミッドチャートをもとにスライドを作成し,主張が伝わるプレゼンテーションを行うことができる。

## 留意点

〇発表原稿のような文章をスライドに書く子どもがいる。その場合は,見出し(キーワード)と図だけのスライドと,たくさんの言葉が書いてあるスライドを比べ,聞いているときは,どちらのスライドが聞きやすいか考えさせるとよい。
〇作った作品は,学校図書館に保存し,次年度の学習に生かす。

資料

# ピラミッドチャート

日付　月　日　　年　組（　）名前

- 頂点：スカイツリーは、安心・安全で人気である。
- 中段：
  - 3つの工夫により地しんが来ても大丈夫な技術力
  - 高さだけではなくアイディアにあふれている
  - 皆で決められた名前
- 下段：
  - ・設計　・心柱　・○から△へ　・土台の大きさ
  - ・考えられたデザイン　・エレベーター（写真のような絵）　・ライトアップ（粋、雅）
  - ・名前は投票

（ここからスライドを作る）

1枚目（タイトルと名前）

安心・安全で人気のスカイツリー

6年
名前

2枚目（はじめ）

スカイツリーにした理由
・TVでよく見ていて人気がある
・3.11の地震にも大丈夫

3枚目（事実・意見その1）

設計の工夫
・心柱
・○から△
・土台の大きさ
　　↓
技術力を集結

4枚目（事実・意見その2）

考えられたデザイン
・エレベーター
・ライトアップ
　　↓
高さだけでなく、アイデアがある

5枚目（事実・意見その3）

公募で決められた
名前（11万票）
2位　東京EDOタワー
3位　ライジングタワー
　　↓
　皆で決めている

6枚目（言いたいこと）

1　技術力を集結
　　→安心, 安全
2　人気の理由
　　→デザイン
　　→名前

IV まとめ・表現／表現する

● 実践事例

# ステップ3 ㊵ 相手や目的に応じたプレゼンテーションを行う

【習得させたいスキル】相手や目的に応じたプレゼンテーションができる。
【学年・教科領域】中学校2年生・国語
【学習の価値】1年生ではスピーチで相手意識をもって話題を選び，2年生ではプレゼンテーションで聞き手が知りたいことを想定する。このように，相手の理解を意識することを通して，資料を効果的に活用し論理を構成することができるようになる。
【使用する教材】中学校2年生国語科教科書（光村図書出版），プレゼンテーション用紙各班5枚，京都市内地図，図書資料（京都），プレゼンテーション評価票

### 学習の流れ（4時間）

🕐🕐🕐 修学旅行で行く京都での，「半日クラス行動」のツアープランを班で作って，プレゼンテーションをしましょう。
・行き先の候補について，資料で調べる。
・目的（文化，味覚，歴史など）を決める。

🕐🕐🕐 目的に合った行き先を選んで，「はじめ，中1，中2，中3，おわり」の構成でスライド（紙芝居）を作りましょう。
・キャッチフレーズを決めて，ふさわしい行き先を2，3カ所選ぶ。
・分担をして，スライド（紙芝居）を作成する。
・写真，イラスト，地図，表等，目的や相手に応じてどれを入れるとよいか決める。

🕐🕐🕐 班ごとにプレゼンテーションをしましょう。
・伝えたいことを明確にして3分以内に話せるよう，班で練習する。
・班ごとにプレゼンテーションをする。
・各班のどこがよかったかを発表する。

### 評価
伝えたいことを明確にし，写真やイラストを入れてわかりやすいプレゼンテーションができる。

### 留意点
○時間短縮のため，行き先の候補を事前に10カ所ほど決めて，地図にも印をつけて各班に渡す。
○相手に興味・関心をもってもらえるような魅力的な提案をするため，写真やイラスト，地図，表などを入れるようにする。
○この後，総合的な学習の時間で，図書館を使い京都の調べ学習を行う。

**資料**

はじめ（キャッチフレーズ）

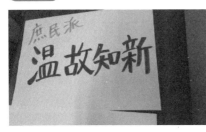

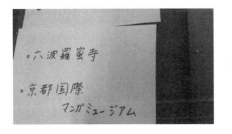 中1（行き先）　→　

下記のように，図，表，写真を入れるとわかりやすくなる。

 中2

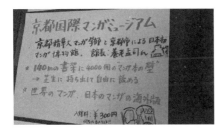 中3　→　

文は短く，簡潔に。

 おわり（まとめ）

※紙プレゼンテーションはプレゼンテーションソフトを使わずノートや画用紙でプレゼンテーションができるため，短時間での指導が可能である。

| ステップ1 | M 事実や事柄を正確に伝える | | |
|---|---|---|---|
| | ㊶ はじめ・なか・おわりを区別して報告する文章を書く | 国語 | 小学校3／4年生 |

## スキルの内容

　　　小学校3年生の国語科の教科書には,「はじめ」「なか」「おわり」という用語が繰り返し出てきます。説明的な文章を読んだり聞いたりするときにも,「はじめ」「なか」「おわり」を区別することで見通しをもつことができます。この区別は,話したり書いたりして報告するときにも使います。このように自分が行ったことや調べたことを報告するときには,「はじめ」「なか」「おわり」を区別して書くスキルを習得します。

　　　国語科の説明文で学習した「はじめ」「なか」「おわり」の区別は,読む以外でも,話したり聞いたり,書いたりするときにも使うことができます。この区別は,論理的に伝えようとするときにはいつも必要です。

## 指導方法（1）全体を眺める視点

　　　国語科の教科書では,「はじめ」「なか」「おわり」を視覚的に把握させるために,説明文を見開き2ページに掲載しています（図M-1）。文章の全体を眺めた上で,「はじめ」「なか」「おわり」という各部分があることを認識させるためです。

図 M-1　はじめ・なか・おわりを示した教科書の説明文
出所：小学校3年生国語科教科書（上, 光村図書出版, 40〜41ページ）。

小学校3年生から全体を俯瞰するというものの見方が取り入れられるのは，国語科ばかりではありません。社会科でも，校区を校舎の高いところから眺め，北の方は住宅地，南の方は田畑，東の方はお店というように，大まかにとらえる学習が行われます。その上で，きょうは田畑が多い南の方へ行ってみようと，見学の計画を立てます。
　このようなものの見方は，2年生では行われません。2年生では順序の把握に焦点があてられているからです。ものごとを順序でとらえてきた子どもが，全体と部分という見方を受け入れるのは容易ではありません。しかしながら，受け取る立場に立つと，順序で話されるということは，聞き逃しができないため，大変な労力が必要になります。読むときにも，順序をずっと追っていかなければ主張がわかりません。
　そこで，「はじめ」「なか」「おわり」という区分を，伝え手と受け手が共有することにより，見通しをもちながら話したり書いたり，聞いたり読んだりすることができるのです。この共有は，ずっと続きます。3年生では，全体と部分の両方に目を向けることからスタートし，次に「はじめ」「なか」「おわり」を区別することに重点を置いていきます。

## 指導方法（2）プレゼンテーションでの学びを活用

　「はじめ」「なか」「おわり」を区別して書くときには，「なぜ・なにシート」をもとにして書くことや，はじめを作ることに重点を置くこと（㊳「形式に沿ってプレゼンテーションを行う（紙芝居）」152ページ参照）のように，プレゼンテーションの指導方法がそのまま使えます。
　書くときに新たに指導が必要な点は，段落という概念です。プレゼンテーションでは，スライドが次に移ることで，はじめ，なか1，なか2，なか3，おわりを区別しますが，文章ではその区別を段落で表します。段落がないと，どこが区切りなのかがわかりません。子どもには，プレゼンテーションのスライド（紙芝居）がかわるときに，原稿用紙では「行を変え，ひとます空けて」書くというように伝えます。合わせて，これを「段落」ということも指導しましょう。
　このように，話すのも書くのも表現することには変わりありません。そこで，プレゼンテーションの後に，報告文を書く指導をすると，子どもの負担が軽減されます。自分が話したことを文章に書くことは簡単にできますが，話していないことを文章に書くのはとても難しいことだからです。報告文は，長く書くというよりも，はじめ，なか1，なか2，なか3，おわりを区別することに重点を置きます。「くわしく書いてごらん」「もっと書けるよ」という教員の言葉はねらいと外れ，子どもは書くことが負担になります。まずは，「区別する」ことをねらいとし，それぞれが，3文ほどでも十分伝わることを，子どもと確認し合いましょう。

Ⅳ　まとめ・表現／表現する

**ステップ2**

**M** 事実や事柄を正確に伝える

## ㊷ 事実（結果）と自分の考えを区別して報告する文章を書く

国語・社会・総合　　小学校5／6年生

### スキルの内容

　　「はじめ」「なか」「おわり」の「なか」は，通常「なか1」「なか2」「なか3」と3つに分けられています。もちろん，「なか」が2つの場合も，4つの場合もありますが，3つが最もよく使われています。「なか」は，それぞれが1つのまとまりになっています。1つのまとまりには，事実（結果）と事実に対する自分の考えが書かれています。事実は，読んで調べたり，人に聞いて調べたり，実験・観察したりした結果をさします。事実をもとに自分の考えを導き出すときには，比較・分類したり，関係づけたりします。このように，レポートを書くときには，事実と事実に対する自分の考えの両方を「なか」に書くことを学びます。

　　事実と事実に対する意見を区別したいときには，ピラミッドチャートが便利です。なぜ・なにシートだと，主張と，事実と事実に対する意見の2段しかありません。なぜ・なにシートを使っていくうちに，事実と事実に対する意見を区別したくなるときがあります。例えば，データ収集と意見，アンケートの結果と意見，インタビューの結果と意見，実験結果と意見，などがそれに当たります。そういうときに，ピラミッドチャートの使い方を学び，視覚的に事実と事実に対する意見を区別します。区別の仕方がわかると，子どもは報告書を書くときには，常にピラミッドチャートを使うようになります。

### 指導方法

　　なぜ・なにシートからピラミッドチャートへと発展するときには，事実と事実に対する意見を分けることから始まります。事実を並べただけでは，自分の意見は出てきません。意見は無理矢理出すのではなく，比較・分類したり，関係・関連づけたりすることを通して出てくるものです。例えば，

　　アンケート結果を学年で比較する　→円・帯グラフを使う
　　3人（信長・秀吉・家康）の武将の戦い方を比較する　→マトリックス表を使う
　　食塩の溶ける量と温度を関係づける　→折れ線グラフを使う

というようにすると，はじめて自分の意見が生まれます。そのとき，「考えてみよう」の一言で子どもに任せるのではなく，どのようにして考えるのかを学ぶ時間を設定しましょう。

## スキルの内容

　中学校では、小学校で学習した説明的な文章の構成である「はじめ」「なか」「おわり」に対して、「序論」「本論」「結論」という新たな用語の概念を学びます。そして、「序論」「本論」「結論」という形式に沿って、実験と調査のレポートを書くときの、共通点と相違点を学びます。形式の理解は書き手だけでなく、読み手にとっても必要なスキルです。互いに形式を理解しているので、伝えることができるのです。形式は、レポートのルールと言ってもよいでしょう。

　中学校１年生は、新たな用語を習得する年齢です。とはいえ、多くが小学校の発展です。序論、本論、結論は、はじめ、なか、おわりからの発展となります。用語が変わるということは概念も変わります。用語の概念を扱いますので、この指導はもちろん国語科で行います。レポートは大きく実験と調査の報告に分けられます。共通点と相違点を国語科で扱っておくと、各教科等の学習で取り入れやすくなります。

## 指導方法（１）序論・本論・結論

　「はじめ」の書き方が異なる中学校の先輩のレポートを用意します。先輩のレポートがない場合は、新聞の社説を使ったり、教員が作成したりしても構いません。「はじめ」の書き方として、言いたいことや主張を述べたものと、問いを述べたものの２パターンあることに気づいたら、「おわり」を見てみます。すると、「はじめ」の書き方は違っても、「おわり」は言いたいことや主張が書いてあることがわかります。それから「なか」を見ます。いずれも「事実」や「意見」が書いてあります。

　ここで、用語を整理します。

　「はじめ」に書かれていることは、「言いたいこと・主張」や「問い」など、文章によって異なります。いつも「問い」とは限りません。「なか」「おわり」に対して「はじめ」は、筆者が読み手を引きつけ、中身を読んでもらうための「切り口」なのです。そこで、単なる文章の「はじめ」ではなく、中身へとつなげていくための大切な部分であることから、「論を展開するためのはじめ」という意味で、「序論」という言い方をします。序論に対して、「おわり」は「結論」という言い方をします。さらに、事実や意見が書かれている「なか」は「本論」といいます。このようにして、序論、本論、結論が揃います。子どものイメージとして、本論と結論は、「なか」と「おわり」をスライスさせても十分理解できます。序論は、多様な書き方があるということを押さえておくと、テーマや目的に合った序論の書き方を選ぶことができるようにな

ります。

例えば，以下のような書き方があります。

・問いを書く場合　　　　　　　　・問いを読者に想起させる場合
・話題を示す場合　　　　　　　　・概要（あらかた）を示す場合
・動機や目的を伝える場合　　　　・結論を述べる場合
・「なか」で用いる用語を事前に説明する場合

## 指導方法（2）レポートの種類

用語の整理ができたら，次は，実験と調査の報告の仕方の共通点と相違点を整理します。実験の場合は，道具や材料を用意してから行います。調査の場合は，調査場所の観察や，調査場所に関係する人にアンケートやインタビューを行います。調査の場合は，いつ，だれに，どんな調査をしたのか，どのようなインタビューやアンケートをどんな手順で行ったのかを読者に伝える必要があります。実験の場合は，使った道具や材料，手順などを正確に伝え，レポートを読んだ人が同じ実験をできるように書きます。もうひとつのレポートとして，文献調査のレポートを書くときがあります。本やインターネットなどを使って調べたことをまとめる書き方です。実験と調査のレポートの書き方の区別ができたところで，文献調査のレポートの書き方も加えて整理すると，それぞれがどういう目的で書くレポートなのかがわかってきます（表M-1）。

表 M-1　レポートの種類

| 文献調査のレポート<br>図書・雑誌・新聞・<br>統計資料・インターネット | 実験のレポート<br>実験 | 調査のレポート<br>インタビュー・アンケート |
|---|---|---|
| 国語科・社会科・理科<br>総合的な学習の時間 | 理科<br>総合的な学習の時間 | 社会科<br>総合的な学習の時間 |
| ・文献調査を行い，テーマや知りたいことに対して，既にわかっていることを見出す。<br>・もちろん，わかっていないこと，さらに知りたいことを見つけて報告もできる。 | ・実験を行い，仮説が本当かどうかを確かめる（仮説を検証する）。<br>・実験を通して確かめられたことを報告する。<br>・もちろん課題も報告してもよい。 | ・ある部分の人々がどういう状態なのかを報告する。<br>・部分の調査から，全体を推定することもできる。<br>・ある部分の人々への調査から，〜な見方があることを提案することもできる。 |
| 読み手が同じ文献で調べられるために必要なこと<br>・使った文献 | 読み手が同じ実験ができるために必要なこと<br>・実験道具<br>・実験材料<br>・実験手順 | 読み手に伝えておく必要があること<br>・調査日，時間，場所<br>・調査の対象<br>・調査内容，手順 |
| 要約と引用を区別する | 事実と意見を区別する | 図表を使う |

## スキルの内容

基本的な形式（㊸「レポートの形式を知る」165ページ参照）の次は，レポートの書き方の約束を学びます。形式に比べると細かな点がいくつかあります。どの約束も読み手がレポートを理解しやすくするためのものです。

## 指導方法

中学生で身につけさせたいレポートの書き方のポイントを以下に整理しておきます。

〈本論は，事実と意見を分けて書くこと〉

事実には，読んで調べたこと，実験のデータ，調査をして得たアンケートの数値やインタビューの言葉などがあります。

意見には，事実をもとに，比較・分類する，関連・関係づけるなどして，見えたことわかったことなどがあります。

事実と意見は文末表記も異なります。意見には筆者の判断が入るため，判断が入る言葉を知っておく必要があります。説明文の筆者の意見に使われている文末表記を一覧にしておくと言葉が浮かんでくるようになります。

〈本論では，図表を使うこと〉

実験や調査のデータをもとに，どのように意見を導き出したのかを伝えるときには，文章だけでなく図表に表すと読み手に伝わりやすくなります。図には，グラフやシンキングツール，写真，地図などが使われます。インタビューの言葉は表の中に書き入れたり文中に箇条書きで書いたりします。

〈常体と敬体を区別すること〉

文末表記は，常体（～である。）を用います。文末を常体にするのは意外と難しいことです。話すときは敬体のため，話し言葉と書き言葉を変える必要があるからです。小学校では，レポートを敬体で書くことも許容されているため，中学校で指導したいことひとつです。もちろん，中学生でも敬体を使っても構いません。その場合は，敬体と常体を混ぜないで書くようにします。

レポートを書くときの約束は，国語科で指導します。しかしながら，一本のレポートを書いたからといって書き方が身につくわけではありません。レポートを書くことに慣れるという意味で場数が必要です。

ステップ3 M 事実や事柄を正確に伝える

## ㊺ わかりやすい説明の仕方を工夫する　　国語　　中学校2年生

### ■スキルの内容

　中学校1年生では、レポートの形式や約束を学びました。2年生になると、今までに出合った多様な説明の仕方を一旦整理し、目的や相手に応じた説明をするにはどの方法がふさわしいのかを考えます。これが、レポートを発信するときに適切な説明の仕方を選ぶためのスキルになります。

### ■指導方法

　生徒は、小学校から数えると、「説明する」体験を何度も重ねてきています。「説明する」という言語活動を通して、説明の仕方を体験的に習得しているのです。中学校2年生の国語科では、そもそも「説明する」とはどういうことなのか、という用語理解に立ち戻り、数々の説明の方法をいくつかに整理をします。整理ができると、各教科等において、目的や相手に応じて説明の仕方を使い分けることができます。

　「説明する」を、類義語である「解説する」と比較してみます。いずれも「説」が使われています。共通しているのは「説」の文字であり、「筋道をときほぐし、わかるように述べる」（大辞泉）という意味で使われています。「説明する」は一般的に広範囲で使われます。「解説する」の方が「説明する」より、「分析した結果、〜と言える（わかった）」というように、事実をもとに筆者の意見や主張を述べる場合が多くなります。報告するときには、後者のように、筆者の意見や主張を述べるところまで求められることが少なくありません。

　このように、相手にわかりやすいように〈説明する〉ことが目的なのか、それとも分析した後の意見まで〈報告する〉ことまでが目的なのか、という2つの視点で、教員が示したいくつかの文章を分類します。例えば、説明には、料理のレシピ、観光案内、体育祭の様子など、報告には、理科・社会科のレポートなどがあてはまります。目的に応じて、それぞれ必要なものが以下のように異なります。

〈説明する〉

　料理のレシピ→順序が必要

　観光案内　　→視点を示した項目が必要

　体育祭の様子→エピソードが必要

〈報告する〉

　理科・社会科のレポート（報告文）→整理・分析結果の図表が必要

　　　　　　　　　　　　　　　　　　事実・意見から主張へと導く構造が必要

| M 事実や事柄を正確に伝える | | |
|---|---|---|
| **46 自己の考えを明確にしてレポートにまとめる** | 理科 | 中学校3年生 |

## スキルの内容

　　読み手がレポートから読み取りたいことは、筆者の考えです。しかしながら、考えだけを伝えられても読み手は腑に落ちません。どのような根拠があり、どのような筋道で、その考えに至ったのかが示されてはじめて、納得できるのです。既に、レポートの形式や約束、目的や相手に応じた説明の仕方は学んでいます。中学校3年生で習得したいのは、これらを踏まえた上で、筋道を通して自分の考えを読者に伝えるためのスキルです。

　　根拠から主張を導き出すのに、どのような筋道を通すのかについては、いくつもの方法があります（㊲「ピラミッドチャートを使って構造化する」144ページ参照）。1つのレポートでは、1つの筋道しか体験することができません。そこで、複数の教科、いくつかの単元においてレポートにまとめた体験を通して、共通する形式や約束があることを理解できるようになります。さらに、目的や相手に応じた説明の仕方を選択し、主張へとつながる筋道を組み立てることを通して、自分の考えが明確になるレポートに仕上がることがわかってくるのです。このような理由から、理科や社会科に位置づけた方が、使う授業時間、生徒の興味・関心、複数の教員で対応できるという点からも、無理がありません。自分の考えを伝えるまでには、課題の設定、情報の収集、整理・分析、まとめ・表現のすべての過程が必要となることに加え、使用する資料も多岐にわたることから、教科担任だけで授業を進めるには負担が多いのも事実です。だからこそ、教科担任と学校司書、教科担任と司書教諭の協働が効果的です。

## 指導方法

　　単元のはじめに、見通しをもちます。課題の設定、情報の収集、整理・分析、そしてまとめまでできたら、レポートを書く段階となります。

　①レポートを書くときには、まず、まとめのときに書いたピラミッドチャートを手元に置きます。ピラミッドチャートで、根拠から自分の主張への筋道を確認します。
　②本論で示す根拠に対して、どういう図表が適切なのかを考え、作成します。
　③本論から結論への筋道をもとに、適切な序論の書き方を考え、下書きをします。
　④①②③が揃ったら、レポートを書き始めます。
　　・序論、本論1、本論2、本論3、結論ごとに、新しい原稿用紙にします。修正が必要になったときに、その部分だけの修正で済むようにするためです。
　　・段落を意識して、常体で書きます。

## まとめ　M　事実や事柄を正確に伝える
# 発達段階を意識して

　児童生徒は，事実や考えを論理的な言葉を用いて書くときに，いくつもの文章形態に出合ってきました。「事実や事柄を正確に伝える」ことを目的とした文章には，例えば，次のようなものがあります。いずれも，何をどのように伝えるのかが異なりますが，事実や事柄を正確に伝えることが中心であるという共通点があります。

> 記録文：授業記録，学級会の記録（議事録）などのように，その場にいなかった読み手が内容を把握できることを考慮し，時間の経過に即して書いた文章。
> 説明文：事実や事柄について詳しく知りたいという読み手に対し，筋道を解きほぐし，理解できるように書いた文章。
> 紹介文：学校紹介，地域紹介，商品紹介などのように，全体的なイメージや特長などの知識を必要としている読み手に対し，判断要素を提供するために書いた文章。
> 報告文：体験したことや調査・実験結果を，読み手にわかるように書いた文章。レポートとも言う。

　この中で，発達段階において，何度も取り上げられているのが報告文です。報告する場合，書いたり話したりする方法があります。報告するという点については共通点が多くありますが，相違点もあります。話し手は聞き手に対して，言葉（耳から）とスライド（目から）以外に，動作や表情なども加えてアプローチができます。しかし，書き手は読み手に対して，文章でしかアプローチができません。もし，文章だけでは難しいと思ったときには，文章の横に図（写真など）を入れることもできます。しかし，あくまでも図は補助です。文章で表現することは，児童生徒にとって負担が大きいことでもあります。そこで，小学校のときから習慣化したいことがあります。

〈書く＋推敲〉　文章で伝えるためには，読み手の読み方に沿って書く必要があります。情報が多くても混乱し，少なすぎてもイメージできません。しかし，書いているときに常に読み手を意識するのは大変なことです。そこで大切なことが，書いたら推敲することです。ペアを組み読み合う，教員がコメントを入れるなど，「書くこと」と「推敲すること」をセットにした授業を組むと習慣化します。

〈話してから書く〉　「文章を書いてからそれを見て話す」という方法はよく使われており，それなりに意味があります。しかし，原稿を読んでいるだけのプレゼンテーションを聞くことは，聞く立場からすると辛いときもあります。ときには，順序を変え，何度も話したことを書いてみたらどうでしょうか。ミニ紙芝居を使って何度も話します。回数を重ねることは推敲することでもあります。児童生徒は5回ほど話すと，話の筋が頭に入ります。そのようにしてから，「原稿用紙に書いてみましょう」と投げかけると，文がすらすらと浮かんできます。「スライドがかわるときには段落！」という合い言葉は板書しておき，机間巡視しながら段落を確認していくと定着します。

ステップ1　**㊶ はじめ・なか・おわりを区別して報告する文章を書く**

【習得させたいスキル】関心のあることがらなどから調べたいことを決め，書こうとすることの中心を明らかにし，「はじめ」「なか」「おわり」を区別して報告文を書くことができる。
【学年・教科領域】小学校4年生・国語
【学習の価値】どの報告書にも使われている型を用いて書くことは，書き手と読み手が互いに理解し合える形式があることを理解することにつながる。
【使用する教材】シンキングツール（なぜ・なにシート）

**学習の流れ（3時間）**

報告文の型を確かめ，組み立てを考えましょう。

| | 書くこと |
|---|---|
| はじめ | ・調べること（問い），調べることにした理由やきっかけ，調べ方 |
| なか | ・調べたこと |
| おわり | ・問いに対する答え<br>・調べる活動を通して考えたこと |
| 使った本 | |

・スライド（紙芝居）を作成し，グループ内で発表し合う。

報告文のはじめとおわりを書きましょう。

・スライドをもとに「はじめ」の文章をノートに書く。
・スライドをもとに「おわり」の文章をノートに書く。
・グループ内で交流し合う。

報告文を原稿用紙に書きましょう（次ページ「資料」参照）。

**評価**

調べたことを，はじめ，なか，おわりを区別して報告文を書くことができる。

**留意点**

○報告文を書く前に声に出して発表（プレゼンテーション）しておくという単元計画を作成することもできる。
○原稿用紙は，たて書きと横書きのいずれの様式でも使えるようにしておくとよい。

**資料**

すいみん不足のままだと人のからだはどうなってしまうのだろうか

1 調べることにした理由

私は、夜おそくねた時、朝起きると頭がぼーっとしたり、一度寝してしまったりしたことがある。だから、早くねないとどうなるのかについて知ると思った。図書館にあった『睡眠がよく分かる事典』と『すいみん不足だとどうなるの？』という「すいみん」に関係する2冊の本を読んだ。

2 調べたこと

すいみん不足で起こるものは、「体調いじょう」「のうの働きが低下」「病気にかかるきけん性が高まる」「生活習かん病の原因」などである。

一つ目の「体調いじょう」とは、肩や首のまわりの筋がこわばっておこる頭痛、目のつかれによるめまい、はき気などで、さらにひどくなると、規則正しい生活をしたいと思ってもできなくなる。

二つ目の「のうの働きが低下」とは、記憶力・思考力、集中力、ひらめき力などが低下することで、これらの実験の結果から分かっている。

三つ目の「病気にかかる危険性は、体がウィルスなどとたたかうしくみである「免疫システム」がうまく働かないために起こる。

四つ目の「生活しゅうかん病の原因」とは食欲に関係するホルモンの働きがみだれるのでいくら食べてもまだ食べたくなってしまい、どんどん太った結果生活しゅうかん病の原因になる。

また、「17時間起き続けていると、少しお酒を飲んでほろよい状態になるのと同じぐらいまで脳のはたらきが低下する」

と書かれていた。

3 終わりに

学校の先生や親から「早く寝なさい」とよく言われることがあるが、すいみん不足は、「体調いじょう」「のうの働きが低下」「病気にかかるきけん性が高まる」「生活習ひんかん病の原因など」になり、体に何一ついいことがないと分かった。夜おそくねた次の日の朝、頭がぼーっとした理由が分かった。

私は、健康でいるために、早寝早起きを続けていきたい。

〈使った本〉
神山潤 監修（2008）『睡眠がよくわかる事典』PHP研究
神山潤 監修 こどもクラブ編（2014）『すいみん不足だとどうなるの？』
岩崎書店

# ステップ2 ㊷ 事実（結果）と自分の考えを区別して報告する文章を書く

**【習得させたいスキル】** 事実（調べた結果）と感想，意見などを区別してレポートを書くことができる。

**【学年・教科領域】** 小学校6年生・国語

**【学習の価値】** 調べたことをレポートにまとめる国語の単元である。ここでは，レポートを書くまでのプロセスと構成について学ぶ。この学習を通して，レポートという形式を理解するようになる。

**【使用する教材】**「調べたことをレポートにまとめよう」（小学校6年生国語科教科書，学校図書）

### 学習の流れ（4時間）

🕐〇〇〇 言葉レポートのテーマと調べ方を決めましょう。
- 教科書の「言葉レポート」を参考にして，イメージマップを作る。
  （真ん中に「言葉」，そのまわりに，「成り立ち」「熟語」「類義語」と書いて，イメージを広げる）。
- イメージマップから，自分の興味のある部分を選び，テーマを決める。
- どうしてそのテーマにしたのか（動機）を考え，答えを予想する。
- 調べる方法（本，インターネット，質問→アンケートやインタビューなど）があるか，自分の力だけで調べられそうか，資料を集められそうかなどを確認する。

〇🕐〇〇 本やインターネットで調べましょう。
- 調べたことを情報カードに書く。

〇〇🕐〇 テーマに対する答えをまとめましょう。
- なぜ・なにシートやピラミッドチャートを使って，整理する。
- 筋が通っているかをグループで確認する。

〇〇〇🕐 レポートの組み立て方を知り，レポートを書きましょう。

| はじめ | 1．研究の動機 |
| --- | --- |
| | 　　研究の方法 |
| なか | 2．研究の結果 |
| おわり | 3．研究のまとめ |
| | 〈参考資料〉 |

### 評価
事実（調べた結果）と感想，意見などを区別してレポートを書くことができる。

### 留意点
○書いたレポートは，学級で1冊にまとめておき，図書館に置いておくと，次年度の参考になる。

*173*

**資料**

| 掃除 | 部屋(床)の～をする。<br>～が行き届いている。<br>大～。<br>一～。<br>（注）「掃除」の意味を広くとり、虫下しで<br>腹の掃除をするなどという。 |
|---|---|
| 清掃 | 教室の～をする。<br>一～車。(一当番)<br>○きれいに掃除すること。<br>（注）「掃除」より「清掃」の方が改まった感<br>じがし、公的には「清掃」を用いることが多い。 |

**3おわり**

辞典には「清掃ははきいて掃除すること」とあるので、掃除よりきれいにする活動であると分かった。「掃除」にはおおざっぱにやるという予想とは違い、(下が)清掃の方がよりきれいにすると言う予想はそのとおりだった。
そして、公的には「清掃」を用いることが多いことから、「町内一斉清掃」のように広く意味を用いられると分かった。
これから、掃除は意味を広く取る場合があり、ていねいに使うといいと思われることも分かった。
今回、類義語を調べたことで、類語辞典という辞典があることを知り、類義語に興味を持ったので、今度は違う言葉について調べたい。

**参考資料**
田近洵一 編（2005）『三省堂 例解小学国語辞典』三省堂
山田俊雄・石綿敏雄 編（2007）『角川 例解国語辞典』
　　　　　　　　　　　　　　　　　　　　角川学芸出版
大野晋・浜西正人（1981）『角川 類語新辞典』角川書店

---

**掃除と清掃はどこがちがうのだろうか。**

**1 調べようと思った理由**

私の通っている学校は、掃除の時の放送では「そうじちゅうである。そうじの時間になると、「そくどう清掃をしましょう」と放送が流れる。しかし、終業式や修了式や1年の最後の大みそかには「大掃除」と言う。そこで、掃除と清掃は何がちがうのだろうと思った。私は、「そうじ」は「おおざっぱ」にやり、「清掃」は「よりきれいに」するという予想を立てた。そこで、「そうじ」と「清掃」について調べることにした。

**2 調べたこと**

「掃除」と「清掃」の意味や、どういう時に使われているのかについて図書館の辞典で調べてみた。
初めに、2冊の国語辞典で調べてみた。

| 掃除 | ごみやよごれを取って、きれいにすること。 |
|---|---|
| 清掃 | きれいに掃除をすること。<br>例「公園を清掃する。」 |

| 掃除 | ごみ・よごれをはらい除くこと。<br>「トイレ―」「大―」 |
|---|---|
| 清掃 | きれいに掃除すること。ごみや落ち葉などを処理すること。「―車」 |

これだとあまり違いがわからないので、少し難しい類語辞典で調べてみた。

## ステップ3　㊸ レポートの形式を知る

【習得させたいスキル】 共通点や相違点を踏まえた上で，調べた内容がわかりやすく伝わるようなレポートの形式を知ることができる。
【学年・教科領域】中学校1年生・国語
【学習の価値】「調べたことを報告しよう」の単元ではレポート作成を行う。ここではその前段階の学習として，社会科と理科それぞれのレポートの形式の共通点と相違点を学び，今後のレポート作成においてどのような形式を用いて書いたらよいかを判断できるようにする。
【使用する教材】教員作成レポート（未記入の欄をつくり，生徒が記入する）

### 学習の流れ（2時間）

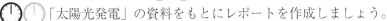「太陽光発電」の資料をもとにレポートを作成しましょう。

|   | 項　目 | レポートの内容（例） |
|---|---|---|
|   | 題名 | 太陽光発電を広めるにはどうしたらよいか |
|   | 日付 | 平成○○年○月○日 |
|   | 報告者 | ○○　○○ |
| 1 | 課題 | 太陽光発電を広めるにはどうしたらよいか |
| 2 | 調査方法 | 図書資料を参考にする |
| 3 | 調査結果 | 「固定価格買い取り制度」により，導入を増やす・設置数を増やすことにより設置価格を下げるとよい |
| 4 | 考察 | 太陽光パネルを使う人が増えて，環境が守られていくとよい |
| 5 | 参考資料 | 坂井宏先（2011）『総合百科事典ポプラディア』ポプラ社<br>飯田哲也（2012）『太陽光・風力発電』偕成社 |

科学的内容と社会的内容のレポートを比較しましょう（次ページ参照）。
・最初に各自のレポートを見せ合って，どんなレポートがよいのかを確認し合う。
・理科や社会科で作成したレポートを準備し，比較する（グループ学習）。

### 評　価

教科書の例に従って，正しい形式でレポートを書くことができる。
2種類のレポートを比較して，特徴をつかむことができる。

### 留意点

○ここでは教員が準備した「環境」についての参考資料をもとに授業を組み立てたが，生徒の実態や教科領域との関連を考慮して資料を準備してもよい。

○理科・社会科のレポートの共通点，相違点は次のように押さえる。

|  | 共通点 | 相違点 |
|---|---|---|
| 理科 | 課題，調査結果，考察，題名，日付，報告者，参考資料 | ・使用器具　・実験，対照実験<br>・研究をする上での条件を示す |
| 社会 | | ・調査をする条件（場所，時間，調査対象）<br>・表やグラフに表して示す，など |

**資料**

---

太陽光発電を広めるにはどうしたらよいか　　2015年12月4日
　　　　　　　　　　　　　　　　　　　　　　1年9組　堀内典子

1. 課題
　太陽光発電は環境にやさしいエネルギーと言われているが、まだ導入が遅れているようだ。それを広めていくためにどうしたらよいかを調べたいと思った。

2. 調査の方法
　① 図書資料で太陽光発電を調べた。
　② 1年9組32名にアンケートを行い、太陽光発電導入状況を調べた。

3. 調査の結果
　① 太陽光発電とは

　　[図書資料から読み取って生徒記入]

　② 太陽光発電の短所

　　[右の資料から読み取って生徒記入]

　②' 太陽光発電の導入状況　〈資料〉
　　・あなたの家では太陽光発電を導入していますか
　　　　導入している 6.2%
　　　　これから導入しようと考えている 6.2%
　　　　導入しない 87.6%
　　・導入しない人の理由
　　　　・お金がかかるから　　　　　　　　18人
　　　　・導入する価値がわからないから　　 7人
　　　　・めんどうだから　　　　　　　　　 3人

　③ 太陽光発電の長所
　　自然の光を利用するため、二酸化炭素などの大気汚染物質を出すことのないクリーンエネルギーである。また、固定価格買取制度が始まって太陽光発電による利益が明確になり、設置数が増えればコストもかなり下がる（09年40円→30年7円）見通しが立てられている。

4. 考察

　　[生徒記入]

5. 参考資料
　・「総合百科事典 ポプラディア 新訂版」（ポプラ社 2011年）
　・

## ステップ3　㊸ レポートにまとめる

【習得させたいスキル】調べた内容が読み手にわかりやすく伝わるように，レポートの記述の仕方に即した書き方を理解する。

【学年・教科領域】中学校1年生・国語

【学習の価値】記録文の学習において生徒は，「仮説・検証・考察」という流れに沿って論理を進めていく方法を学ぶ。その後の「書くこと」の教材として「調べたことを報告しよう」があり，レポート作成の学習に取り組む。わかりやすく伝わるように，構成に沿ってレポートにまとめていく方法を学ぶためには，レポートの形式に加え決められた記述の仕方を理解することが必要であり，この学習が今後レポートを書くときの基本的な知識となっていく。

【使用する教材】ワークシート

### 学習の流れ（3時間）

言葉について調べたい課題を日常生活の中から探しましょう。

・課題を決めるのが困難な生徒は，教員が準備した次の課題から選択する。

　　A「情けは人のためならず」はどんなことを表すときに使うか。　B「うきうき」と「わくわく」の違い。　C「食べられる」が人によって「ら抜き」になるのはなぜか。

・準備した資料の，自分のテーマに関わる部分に傍線を引く。

レポートの記述の仕方を確認し，レポートにまとめましょう。

・次のことについて確認する。

　　事実と意見と主張の区別（文末），箇条書き，「図」と「絵」の違い，常体，小見出しの付け方，参考資料の書き方（著者名，発行年，書名，発行所名）

・アンケート結果も事実としてまとめる。

### 評　価

わかりやすいレポートにするために，小見出しや図表を活用することができる。

### 留意点

○ここでアンケート調査の指導を取り入れる（設問の立て方，まとめ方）。

　（㉑「目的に応じたアンケートを作成する」82ページ参照）

○参考資料

村山孚（1986）『ことわざ・慣用句おもしろ辞典』さ・え・ら書房

高村忠範編（2009）『類語事典』汐文社

## 資料

「ら抜き言葉」の実態と良くない理由

2015年12月21日
1年1組

### 1. 課題設定の理由

「ら抜き言葉」は、世間では良くないとされているが、自分も、周りの人も、ひんぱんに使っているように感じる。しかし、その人たちは皆さし障りなく暮らしている。そこで「ら抜き言葉」と「らがつく言葉」について調べ、なぜ「ら抜き言葉」を使ってしまうのか、なぜそれが良くないかを考えた。

### 2. 調査の方法

① 図書資料で「ら抜き言葉」について調べた。
② 1年1組30名にアンケートを行い、「ら抜き言葉」が間違っていることを理解しているか、「ら抜き言葉」は良くないことだという意識があるかどうか調査した。

### 3. 調査の結果

① 「ら抜き言葉」とは

例えば、「食べれる」と言ったとき、正しい言い方は「食べられる」で、「ら」が抜けている。このように、「～られる」で表す言葉を「～れる」と、「ら」を抜いて表した間違った言葉を「ら抜き言葉」という。(例) 演じれる(正 演じられる)・起きれる(正 起きられる) など。

② 「らがつく言葉」の長所と短所

《長所》→ 尊敬、受身(～される)、可能(～できる)という3通りの使い方があり、様々な場面で使えて便利なところ。

《短所》→ 様々な場面で使えるだけに、「食べられた?」などと聞いたときに、人に自分のものをとられたのか、苦手なものなどを食べることができたのか、つまり、受身の意味か可能の意味か区別がしにくく、誤解のもとになるところ。

③ 「ら抜き言葉」についての理解や意識の有無

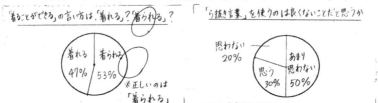

### 4. 考察

「ら抜き言葉」は、アンケートの結果から分かるように、多くの人が正しく理解ができておらず、その意識も皆さほどないようだ。おそらく、自分を含めたこれらの人たちは、「らがつく言葉」は使い分け・区別が難しくて面倒臭い、誤解を招くおそれがある、などと言った理由(②)から、日常的に「ら抜き言葉」を使ってしまっている人たちだろう。しかし、「ら抜き言葉」を使うくせを直さずに大人になってしまったら、社会に出たとき、きっと困ってしまう。言葉遣いがきちんとできていないと、周りの人から悪い印象を受けてしまう恐れがあるのだ。だから、日頃から「ら抜き言葉」はいけないという意識をもち、面倒臭がることなく正しい言葉遣いを心がけて生活して、「ら抜き言葉」を使ってしまう回数やくせそのものを減らしていけると良いと考える。

### 5. 参考資料

・「場面でわかる正しいことばづかいと敬語⑤ 敬語の5分類とその使い方」
　(くもん出版　2008年)
・「まちがいだらけの言葉づかい 1 あいさつ・ていねい語」
　(ポプラ社　1998年)

# ステップ3　㊺ わかりやすい説明の仕方を工夫する

【習得させたいスキル】観点を決めて情報を整理し，伝える事柄の特徴や，共通点・相違点を明確にすることでわかりやすく説明することができる。

【学年・教科領域】中学校2年生・国語

【学習の価値】本単元は，多様な視点からものごとを見る方法を理解する単元である。説明文読解の学習の後で，「書くこと」の練習として，目的や相手を意識し，様々な文章形態の特徴を生かして説明の工夫をする学習が位置づけられている。この学習を通して，目的や相手に応じて文章形態を選ぶという視点をもつことができるようになる。

【使用する教材】教員作成の4種類の文章（100字程度）

### 学習の流れ（2時間）

 説明する事柄を決め，説明する内容を整理しましょう。
- 4つの説明の仕方（留意点参照）の特徴を知る（○○の作り方，○○と私，○○と○○など）。

効果的な説明の仕方を決めて書きましょう。
- 目的や相手を確認し，それにふさわしい文章の形態を選択する（次ページ「資料」参照）。
- 番号，矢印，接続語，見出しを効果的に入れるようにする。

### 評価

目的や相手を意識し，文章の形態の特徴を生かして説明ができている。

### 留意点

○目的や相手によって，ふさわしい説明の仕方が変わってくることを理解させるとよい。
- 順序立てて説明する（料理のレシピなど）。
- 項目を立てて説明する（紹介や案内など）。
- エピソードを中心に説明する（出来事や心情など）。
- 比較して説明する（特徴や魅力など・今回の授業）。

○字数を制限した学習を積み上げることにより，ポイントをまとめて書く力が向上していく。

○比較して説明する文章を作成する際には，図書資料を使用することにより，一層正確に伝えることができる。

> 資　料

〈4種類の説明の仕方の例（100字で）〉

・順序立てて説明する（ソフトテニスのルール）。

> 　　1試合は4ゲーム先取で行われます。1ゲームは4ポイント先取です。1つのゲームでサーブを打つ人は変わりませんが，次のゲームになるとサーブ権の交代があります。サーブは対角線上のサービスエリア内に入れます。

・項目を立てて説明する（ソフトテニス部の紹介）。

> 　1．顧問　原田修先生
> 　　情熱的で，とてもわかりやすく指導してくださいます。
> 　2．練習内容
> 　　素振り，乱打（ロブ，クロス，ショートなど），ボレー練習など。季節によって違います。

・エピソードを中心に説明する。

> 　　磐周大会2日目，団体戦に出場する先輩方を，私たちは声をからして応援した。しかし，2回戦敗退という結果だった。先輩方の涙は美しく，しかも満足感に満ちた表情だった。これまでの練習の取り組みがそうさせたのだ。

・比較して説明する

> 　　ソフトテニスと卓球との違いは室内と室外，ラケットの大きさだけではない。ソフトテニスは前後の動きがあり，卓球は瞬時の判断が必要になる。この違いが難しいところでもあり，それぞれの競技のおもしろみでもある。

**ステップ3**　**㊻ 自己の考えを明確にしてレポートにまとめる**

【習得させたいスキル】自分の仮説を資料から考え，その根拠となる資料を論理的に説明できるように取捨選択し，レポートにまとめることができる。

【学年・教科領域】中学校3年生・理科

【学習の価値】中学校3年生の理科「くらしを支える科学技術」では，科学技術の発展に関する具体的な事例を調べ，科学技術と人間の生活がどのように関わるべきか自分の考えをまとめる単元である。この学習により，自分の考えの根拠となる事実や情報を見つけ，得た情報を取捨選択し，その情報を使って論理的に記述する方法を体系的に理解することができる。

【使用する教材】桐生広人（2010）『エネルギーをどうする　新しいエネルギーがわかる本』童心社，池上彰監修（2015）『ニュース年鑑』ポプラ社などの最新技術やエネルギー問題などの資料，新聞（科学欄など）

**学習の流れ（3時間）**

🕐　科学技術が日々発展していく私たちの生活は，どのように変化して，どのような生活になっていくか，仮説を作りましょう。

・資料となる本を読み，事実にふれながら仮説を作る。
・本を読み，事実にふれながら仮説を作っているので，途中で仮説が変わっていくことも認める。
・ピラミッドチャートを作る。

🕑　集めた事実を取捨選択し，自分の仮説とその根拠を説明しましょう。

・前時までに作成したピラミッドチャートをもとに，自分の仮説と根拠を明確にしてグループ内でプレゼンテーションを行う。
・書いてある事実を読むだけでなく，「○○だから，こんな（技術が）できるだろう。すると私たちの生活は□□になると考えた。」のように発表する。

🕒　プレゼンテーションした内容を振り返り，レポートにまとめましょう。

**評価**

科学技術に関する具体的な事例を論理的に説明しようとするとともに，レポートにまとめることができる。

**留意点**

○レポートを書く前の2時間でピラミッドチャートを作成するときには，「根拠（事実）が見つかれば仮説が変化してくる。同時に仮説が変化してくれば，必要な根拠（事実）も変化してくる。根拠と仮説が行ったり来たりになることはよくあることである」ことを伝えておく。

## 資料

レポートの書き方
1．基本構成

2．本文の構成（記入例）
　（1）序論
　　　テーマ
　　　　（例）テーマ　「将来の人は進化している？　退化している？」
　　　テーマ設定の理由
　　　　（例）はじめに
　　　最近の生活はとても便利になった。知りたいと思えばスマートフォンやインターネットですぐに調べられ，相手と話したいと思えばすぐに連絡がつく。しかし，……
　　　動機
　　　　（例）理科の学習で「進化」について学習した。様々な環境の変化に適応しながら長い年月をかけて生物たちが競争し，進化をしてきたことがわかった。一方で，……
　　　実験・調査方法
　　　　（例）学校図書館で「社会科学」「自然科学」「技術，工学」「産業」などの図書から……
　（2）本論
　　　実験で得られたデーターや，調査して見つけた事実
　　　　（例）自動車は衝突の危険を察知することができるだけでなく，将来的には……
　（3）結論
　　　考察
　　　　（例）調べた事実から未来の生活を想像すると，危険回避は……
　　　今後の課題や感想
　　　　（例）今は人間にとって便利にしようと開発している技術が，もしかすると……

3．参考文献の記入例
　　　参考文献
　　　1．市川克彦（2007）『カラー図解でわかるクルマのしくみ──ドライバーなら知っておきたい動く基本から最新テクノロジーまで』ソフトバンククリエイティブ
　　　2．毛利衛監修（2004）『情報技術はどこまで進歩するの？──情報科学技術（未来をひらく最先端科学技術）』岩崎書店
　　　3．日産自動車　http://www.nissan.co.jp/（2015年2月26日参照）
　　　4．豊田自動車　http://toyota.jp/（2015年2月26日参照）

| ステップ2 | N 根拠に基づいて考えを伝える | | |
|---|---|---|---|
| | **㊼ 要約や引用を取り入れて意見文を書く** | 国語 | 小学校5／6年生 |

## スキルの内容

　　　　意見や考えを相手に伝えるときには，根拠を示すことにより，より説得性が増します。根拠には，読んで調べたこと，インタビュー・アンケート結果，実験結果，体験などがあります。ここで扱うのは，読んで調べたことを根拠にする場合の要約や引用という方法を使うスキルです。

　　　　読んで調べたことは，他の人が書いた文章です。他の人が書いた文章を自分の文章の中で扱うときには，自分の文章と区別する必要があります。区別するには，要約と引用という2つの方法があります。要約は，読んだ内容を自分の言葉で短くまとめる方法です。引用は，一言一句違わずにそのまま写す方法です。

　　　　通常，読み手が文章を読むときには，要約されたものの方が文体が変わらないので読みやすく感じます。しかし，他の人の書いた文章をそのまま書いた方が，書き手にとって根拠として適切であると判断したときには引用を使います。自分の文体と異なることで強調されたり，特徴的な用語の使い方や言い回しをそのまま伝えることで説得性をもたせたりする効果があります。

　　　　つまり，自分の意見や考えを伝えるときの根拠の示し方として，要約の方がよいのか引用の方がよいのかを，選ぶ必要があるのです。

　　　　しかし，小学校高学年の子どもが意見文を書くときには，要約か引用かを選ぶということよりも，他の人の考えを根拠として示しながら自分の考えを述べる文章の書き方を習得する方が先です。これができるようになって，要約と引用では，どちらの方が適切なのかを判断する段階に移ります。

## 指導方法（1）要約と引用という言葉に慣れる

　　　　既に情報収集の段階において，集めた情報を手元に置く方法として情報カードを使用する事例を紹介しました。この段階では，あくまでも集めた情報を手元に置いているだけであり，自分の意見や主張を支える根拠として使うことを目的とはしていません。情報カードには「要約」（自分の言葉でまとめたもの），「引用」（そのまま書き写したもの）を区別して書いています。まずは，要約と引用を区別する習慣がついていることが，第一歩です。

## 指導方法（2）要約と引用の仕方

　　　　意見や考えの根拠として，他の人が書いた文章を要約と引用という方法を用いて意

見文の中に書くときには，誰がいつどこに書いたのかを読者に示す必要があります。

　文中での示し方には約束があります。要約・引用とも，誰がいつ書いたのかを文中で示します。引用は，引用部分を「　　」で囲み，ページも書きます。

|要約|　　例1）　塩谷（2013）は，言語活動について………………。
　　　　　例2）　言語活動とは，………………………（塩谷，2013）。
|引用|　　例1）　塩谷は，「………………………………」（2013，p.30）。
　　　　　例2）　「………………………………………」（塩谷，2013，p.30）。

　参考文献では，文献のある場所をはじめとした情報が一覧できるように並べます。以前は，本文での引用順に文献を並べて書いたのですが，最近は，著者名の50音順（または，アルファベット順）に書く方法がとられています。メディアにより書く方法が異なり，書き方はいくつかありますが，例えば以下のように書きます。

〈図書の場合〉著者名（発行年）『書名』発行所名
〈インターネットの場合〉著者名「タイトル」URL（アクセス年月日）
〈新聞の場合〉「記事テーマ」『新聞名』記事分類　発行年月日　朝夕刊別　ページ数
〈雑誌の場合〉著者名（発行年）「タイトル」『雑誌名』巻・号：ページ

　小学生の場合，この約束すべてを一度に理解するのは容易なことではありません。このような約束は，子どもがいつでも見ることができるように一覧できるようにしておきます。

## 発展　根拠としての要約や引用

　要約や引用の目的は，自分の意見や考えのための根拠を示すことです。要約や引用した部分を丸写ししただけで自分の意見を述べていない書き方は，通常しません。

　大切なのは意見や考え（主張）ですので，何度も修正することを前提としてまずは一文で書き表してみます。

　次に，根拠とする情報を選びます。全体構成の中で，意見や考えを支えるために適した根拠を選びます。根拠は3つが多くもなく少なくもなく妥当です。読んで調べたことの中から，どういう3つを選ぶのかを初めに考えます。根拠として適切な条件としては，客観性があることです。具体性のあるものや予想される反論を根拠として示すこともあります。いずれも，それらをもとに自分の意見や考えを述べることを前提とします。

　そして最後に，これらの根拠の示し方として，要約か引用のどちらが適しているのかを考えます（㊽「立場と根拠を明らかにして意見文を書く」次ページ参照）。

## ステップ3 Ⅳ 根拠に基づいて考えを伝える

### ㊽ 立場と根拠を明らかにして意見文を書く

国語　中学校2年生

### ▌スキルの内容

　意見文を書くときには、自分が抱いている疑問をもとに書く場合と、テーマや課題を与えられて書く場合があります。いずれの場合も、意見や考えを伝えるためには、立場と根拠を示すことから始まります。手順を意識して書くという体験を通して、説得性の高い意見文を書くことができるスキルを習得します。

### ▌指導方法

　意見文を書くための手順を体験することを重視します。今どの段階なのかを確認するときに、以下の□で囲ったキーワードを使うと便利です。

①自分がどういう意見に賛成なのか（自分の 立場 ）を示します。

②そうした上で、 根拠 を示します。根拠には、体験、図書、新聞、雑誌、統計資料、インターネット、調査結果などがあります。意見や考えを伝えるときにどの根拠が適切なのかを選びます。

③根拠のひとつとして、 反論 を取り入れ、反論に対する自分の考えを述べます。

④そして、 文章構成 として、頭括型、尾括型、双括型のどれが適切であるのかを選びます。

⑤最後に、読みやすく書かれているかについて、 接続詞と一文の長さ に留意して推敲します。

＊意見や主張の根拠として、図書、新聞、雑誌、統計資料、インターネットなどを使って情報を収集するときには、図書館資料を活用します。情報カードを使って根拠となる情報を手元に置いておきます。

＊文章構成

　頭括型　序論に主張（意見）がある場合
　尾括型　結論に主張（意見）がある場合
　双括型　序論で主張（意見）を示してから本論で根拠を述べ、最後の結論でもう一度主張（意見）を述べている場合

＊接続詞の使い方の例

　序論　私は〜に賛成である。なぜなら〜だからだ。
　本論　①「1つ目は」「まず」
　　　　②「2つ目は」「次に」
　　　　③「これに対し」「確かに〜かもしれない。しかし〜」「もちろん、〜という意見もあるだろう。しかし〜」
　結論　「このように」「これらのことから」「以上の理由から」

| ステップ3 | N 根拠に基づいて考えを伝える | | |
|---|---|---|---|
| | **㊹ 根拠を明らかにして説得力のある批評文を書く** | 国語 | 中学校3年生 |

## スキルの内容

　　　　根拠に基づいて意見を述べる文章形態として、意見文の他に批評文があります。批評文と意見文はいずれも根拠に基づいて考えを伝える文章ですが、意見文はある事柄について自分の立場や根拠を明確にして考えを伝えるのに対し、批評文はある事柄の特性や価値を論じる（評価する）文章である点が異なります。批評文の方がより多面的な観点から客観的に述べる必要性があります。中学校3年生において、特性や価値を論じることができる「ある事柄」として、「社会生活に関わる出来事」や「文学作品」などがあげられます。「社会生活に関わる出来事」と「文学作品」では、特性や価値を論じるまでの道筋が若干異なりますが、いずれも、特性や価値を論じるという目的は共通です。ここでは、特性や価値を論じるスキルを習得します。

## 指導方法

　　生徒が「ある事柄」に出合ったときには、まだ、特性や価値は見えていません。ある事柄の特性や価値を論じるまでには、手順が必要です。

　まず、「ある事柄」についての理解が必要です。例えば、「社会生活に関わる出来事」として話題になっていることに、「携帯電話」「コンビニエンスストア」「オリンピック誘致」「地震災害」などがあります。生徒は、「ある事柄」を知るために情報収集を行います。生徒が、百科事典、関連図書、新聞、ファイル資料など複数のメディアで調べることを前提として、教員は「ある事柄」を選んでおく必要があります。情報の収集により「ある事柄がもつ意味」についての自分の理解が進んだところで、どういう特徴や価値があるのかを分析していきます。もし、この段階で終了すると、事実が中心ならば報告文、意見や考えに主軸があるならば意見文に近い文章になります。

　批評文にするためには、ここから次の段階が必要です。そもそも、批評文は、読み手に「ある事柄」の理解を与えるための文章です。単に説明するのではなく、読み手に理解を与えるように、読み手に沿って自分の理解を紐解いていく必要が出てきます。読み手は「ある事柄」をどういう視点で見ているのか、読み手にとってどういう観点が新鮮なのかなどという「相手目線」が批評文を書くときには必要になります。このように読み手は、「ある事柄」についてどう見ているのかを分析した上で、そういう読み手を、なるほどそういう見方があるのか、そういう考え方があるのかというようなやりとりをしながら、最終的には「ある事柄」の理解まで連れてくるのです。

| ステップ3 | N 根拠に基づいて考えを伝える | | |
|---|---|---|---|
| | **㊿ 文章の形態を選んで書く** | 国語 | 中学校3年生 |

## スキルの内容

　小中学校の9年間を通して,生徒は様々な文章形態を用いて書いてきました。ここでは,それぞれの特徴を確認し,何をどのように書くのか(目的)に応じてどの文章形態が適切であるのかを選んで書くスキルを習得します。

## 指導方法

　何をどのように伝えるのかの観点(目的)により,論理的な言葉を用いて伝える文章形態を次の3つのタイプに分けてみました(表N-1)。

①事実や事柄を正確に伝える(M「事実や事柄を正確に伝える」162～170ページ参照)
②根拠に基づいて考えを伝える(N「根拠に基づいて考えを伝える」183～188ページ参照)
③感想や思いを伝える(本書では扱っていない)

表 N-1　文章形態の種類

| 目的 | ①事実や事柄を正確に伝える | ②根拠に基づいて考えを伝える | ③感想や思いを伝える |
|---|---|---|---|
| 代表的な文章 | 報告文 | 意見文 | 感想文 |
| 何をどのように書くのか | 報告が必要な相手に,調査・実験したことや体験したことなどを,事実とそれに対する意見に分けて書く(意見はなくてもよい)。 | 考えや主張を,集めた根拠をもとに,文章構成や筋道の通し方を工夫して書く。 | 読書や旅行中の体験などと自分とのつながりを,感動を中心に表現を工夫して書く。 |
| 文章形態の例 | 記録文<br>説明文<br>紹介文<br>報告文(レポート) | 意見文<br>批評文<br>提案文(提案書) | 読書感想文<br>紀行文<br>鑑賞文 |
| 指導する教科 | 国語科で書き方を学び各教科等で活用 | 国語科が中心<br>小論文へ発展 | 国語科が中心 |

　各教科等の学習では,探究の過程に沿って文章を書く機会があります。それらを集約する場として学校図書館が機能していると,生徒に多様な文章形態を整理して示すことが可能になり,授業の導入時などに見本として生徒に見せたいときに役立ちます。

## まとめ　N 根拠に基づいて考えを伝える
# 発達段階を意識して

　根拠に基づいて考えを伝えるための文章は、小学校高学年から中学校にかけて、より客観的な表現の仕方に変わってきます。客観的な表現ができるということは、児童生徒の発達段階と大きな関わりがあります。根拠をもとに自分の意見や考えを伝える文章を書くことから始まり（意見文）、読み手の視点を意識し自分が理解したところに読み手を連れてくるように書く（批評文）ところまで、おおよそ5年間かけて指導をします。そうして、小論文へとつながっていくのです。

　学年が進むにつれ、意見や考えを書くためには書き方の理解に加え、書くことの内容理解、すなわち読むことが大きく関わってきます。つまり、情報収集と書くことは表裏一体なのです。しかし、意見や考えが書かれた文章を読むときの題材の多くは、教科書の中にあり、児童生徒の日常と離れたところに存在しています。

　その一方で、物語や小説のような文学的な表現については、教科書で読み方を学ぶとともに、図書館で本を借りたり、読み聞かせをしてもらったり、さらには、映画やドラマを見たりするなど、日常生活の様々な場で出合っています。

　論理的な文章については、どうでしょうか。国語科の授業で説明的な文章を読み、報告文や意見文を書いたりはしますが、日常生活の中で、新聞を読んだり、テレビのニュース番組を見たりする機会は多くはありません。日常、説明的な文章にふれていない児童生徒が、意見文や批評文を書くことの楽しさを感じるためには、教科書に書かれた文章と自分が書く文章の架け橋となる文章との出合いが必要です。

　そのための手だてとして、新聞の活用があります。児童生徒の身近にあり、説明的な文章に日常的にふれることができるのが新聞です。新聞というと難しい印象を受けますが、最近では、子ども新聞の記事に加え、新聞社によっては独自で「ワークシート通信」を配信しているところもあります。「ノーベル賞受賞」「スポーツ」など、タイムリーなニュースをきっかけに、世の中の出来事を知る楽しみを知り、毎日の新聞を楽しみにするようになります。

　また、各教科等の学習において、児童生徒は多様な文章形態で文章を書いています。それらを、報告文、意見文、感想文の3つに分け、学校図書館で集約し、保存し、展示することは、児童生徒が表現するという探究の過程のゴールをイメージするときに役立ちます。また、学校図書館に児童生徒の作品が展示されていたならば、教員が児童生徒に、「図書館で見ておいで」と声をかけることもできます。年間計画を見て、いつどういう学習が行われるのかがわかれば、時期に沿った作品を展示することも可能です。

　学校図書館は、意見文や批評文を書くために必要な言葉の提供の場でもあるのです。

# ステップ2 ㊼ 要約や引用を取り入れて意見文を書く

【習得させたいスキル】筆者（宮脇先生）の提案や考えについて，賛同する点や疑問に思う点をあげて，理由を明確にして意見文を書くことができる。

【学年・教科領域】小学校6年生・国語

【学習の価値】意見の根拠となる図書資料を使い，要約と引用を取り入れて意見文を書く学習である。意見文を書くときには，筆者の考えのどの部分に共感するのか，また，どの部分に疑問をもつのか，本文に基づきながら自分の考えを形成していくことが大切である。このような学習は中学生以降にも応用的に繰り返され，「構成や展開，表現の仕方について評価すること」や「知識や体験と関連づけて自分の考えをもつこと」につながる。

【使用する教材】ワークシート

### 学習の流れ（3時間）

🕐　筆者（宮脇先生）の提案に対する意見文は，どのような形式で書くのでしょうか。

・意見文の書き方について，確認する。

| はじめ | 筆者はこの文章で，○○という考えを書いています。<br>※○○が引用の場合は，「　　」を使う。 |
|---|---|
| なか | 私は，そのうちの△△ということには賛成します。なぜなら～<br>※なぜならの後は，▽▽だからです。という書き方にする。 |
| おわり | 今まで私は，□□と思っていました。が，この文章を読んで◎◎と思うようになりました。 |

・説明文を読み，宮脇先生の提案を理解する。

🕐　自分の考えが伝わる意見文を書きましょう。

・文章構成を意見文の書き方を参考に，メモ程度に書く（10分程度）。
・賛同する点や疑問に思う点とその理由を明確にして意見文を書く。

🕐　意見文を読み合いましょう。

### 評価

筆者の考えのどの部分に共感するのか，また，どの部分に疑問をもつのか，本文に基づきながら自分の考えを作ることができる。

### 留意点

○文章の量としては400字程度を目安とする。

**資　料**

## 1. 意見文を書こう
### 「本物の森」で未来を守る（五）

**1** 自分の意見を意見文にまとめるための筆者の考えについて、考えて書きましょう。

○自分の考えを述べようとしている筆者の考えの文章構成を、考えて書きましょう。

| はじめ | 中 | 終わり |
|---|---|---|
| 科学技術にたよらないで本物の森を作る。→賛成　○自分の考え（賛同・疑問）とそう考える理由を書く。 | ・森の防波堤も良さを書く。・コンクリートがふえている事、欠点と良い所・本物の森→もっとたくさん増やすと良い | 森の防波堤の方が良い。コンクリートの方がつよいと思っていた。（頭の変化を書く）○自分の考えのまとめや意見、感想を書く。 |

**2** 友達の意見文を読んだ感想や、アドバイスを書きましょう。

・自分自身と話し合っていく中での感想の変化が書けていた。
・たくさん事例から自分で考えまとめられていたので伝わりやすかったです。
・さん筆者の言っている事に対して、いろんな事を考えて書いていました。

---

　筆者は、「科学技術にたよらない、自然の持つ強さを生かした防災対策に注目すべき」と言っています。

　私は、この意見に賛成です。その理由は、今、コンクリートの防波堤が増えてきていますが、波が一定の高さをこえたら、海水が町にどんどん流れこんでしまうからです。でも、森の防波堤なら、コンクリートよりも、木と木の間に木があって、水がゆっくり流れにくく、エネルギー減少となるからです。

　それから、作る期間についてです。コンクリートの方が短く、すぐ完成します。でもこれからのためにも大切だと思うのです。強度の方がこれからのためにも大切だと思うのです。

　はじめ、私は、本物の森より科学技術で作るコンクリートの防波堤の方が、強くて良いと思っていたけど、タブノキや森の本当の強さや、自然の力で人々を守る良さが分かったので、これから、どんどん本物の森が増えていくと良いなと思いました。

ステップ3　**㊽ 立場と根拠を明らかにして意見文を書く**

【習得させたいスキル】自分の立場や根拠を明らかにしたり，反論に対する意見を主張したりして，構成を工夫した説得力のある意見文を書くことができる。
【学年・教科領域】中学校2年生・国語
【学習の価値】本教材では，図書資料を利用した上で，事実や体験に裏打ちされた立場を決め根拠を明らかにする。この学習は，立場と根拠を明らかにすることにより，説得力のある意見文を書くことができるという理解につながっていく。
【使用する教材】ワークシート

**学習の流れ（3時間）**

🕐 課題例（中学校2年生国語科教科書，光村図書出版，173ページ）の中から課題を選び，自分の立場を決めましょう。

【ごみ】　　　・過剰包装　・循環型社会
【生態系】　　・絶滅危惧種　・外来種　・生物多様性
【地球温暖化】・異常気象　・海面上昇
【エネルギー】・再生可能エネルギー　・省エネルギー

🕐 図書資料を使って自分の立場を決め，根拠や予想される反論を考えましょう。
（例）意見：過剰包装を控えるのがあたりまえの社会を作ろう。
　　　根拠：大きく見せようとする包装は消費者を欺いている。
　　　　　　野菜のトレーなどはごみになるだけである。など
　　　反論に対する意見：包装を必要とする消費者もいるという意見に対しては，「簡易包装でよいか」の確認をすればよいのではないか。

🕐 5段落構成で，説得力のある意見文を書きましょう。
・教科書の5段落構成（主張・根拠①・根拠②・反論に対する意見・主張）の文章を意識して双括型の意見文を作成する。

**評価**
体験や事実に裏打ちされた立場と根拠を明らかにした意見文を書くことができる。

**留意点**
○文章構成をここでは双括型で統一したが，その他の構成（頭括型，尾括型）についてもふれるとよい。
○文章の量について，教科書では，1年時で400字程度，2，3年時は600〜800字程度を課題と

している。
○環境に関連した図書資料は多くあるが、この分野の変化は著しいため、発行年に気をつけて用意するよう心がける。
○テーマには環境以外にも福祉、地域のPR、読書活動の活性化などが考えられる。

**資料**

## 立場と根拠を明確にして書こう　意見文を書こう

**1 自分の立場**
図書館に漫画を置いた方が良い。

**2 根拠を明らかにしよう**

| | よい点 | 問題点 |
|---|---|---|
| 漫画を置くこと | ・図書館の利用者が増える<br>・自分の知らない本にも出会える | ・漫画ばかり読んでしまう可能性<br>・盗まれるかも!?（大きな環境変化）<br>・中学生に適した本!? |
| 漫画を置かないこと | ・読書する人も増える<br>・外国の小説にも出会える | ・図書館利用者に偏り |

**3 反論に対する意見を考えよう**

《根拠1》本が好きな人や勉強する人の他に、漫画を読みたい人が加わり、利用者の増加につながると思う。

《根拠2》進研ゼミの冊子で、漫画は集中力が高まるということを書いてあった。

《予想される反論》中学生に適した本なのか

《反論に対する意見》購入時に確認すれば良い

現在、利用状況が良くないだろうし、自分は、漫画の貸し出しはなくしても良いと思う。盗まれてしまうのでは、漫画しか読まなくなってしまうのでは、読めるのは図書館内だけに…
城山中生を信じたい。

**☆ 評価**

| | | A | B | C |
|---|---|---|---|---|
| 1 構成 | 双括式が成り立っている。 | | 四～五段構成である。 | 指定されている構成ではない |
| 2 根拠 | 体験などに裏打ちされた根拠が書かれている。 | | 二つの根拠が書かれている。 | 根拠が書かれている。 |
| 3 反論 | 予想される反論とそれに対する意見が対応している。 | | 予想される反論とそれへの意見が書かれている。 | 予想される反論が書かれていない |
| 4 表現 | 一文の長さ。適切な接続語。例えば。 | | | |

総合評価 Aのうちの二つの事項ができている。 不十分である。

---

　図書館に漫画を置いた方が良いという意見に賛成する。漫画を置く根拠は二つある。私たちの生活に利点がある。

　第一に図書館に来る人が少ない。現在、図書館の利用者はあまり増えていない。しかし、漫画を置くことによって、漫画が好きな人や勉強で利用する人が来るため利用者の増加につながる。

　第二に、漫画にも集中力が上がることがある。これは「漫画」という内容で読むことがすきな本よりも漫画を読んでいる時の方が集中力が高まると予想される。その集中力を高めるため研究ゼミの冊子の特集でも漫画を読むという内容が掲載されていた。

　「漫画が掲載されていた。」というのは、意識しなくても集中力を高めてくれるため、授業で休み時間に集中力を高めている間に集中力が上がってしまうためだ。これに対し、漫画を置くと盗まれてしまうのでもしれないという意見もあるが、これは利用する生徒によって、漫画を持っていることもあるが、同じことなので、今、図書館に盗まれてしまうかもしれないからと、城山中生を信じないということは、城山中学校の生徒を信じないということだと私は思う。私は信じたい。

　用意することができるから、図書館に漫画を置いた方が良い以上のことから、図書館に漫画を置いた方が良いと考える。

## ステップ3　㊾ 根拠を明らかにして説得力のある批評文を書く

【習得させたいスキル】根拠を明らかにして説得力のある批評文を書くことができる。
【学年・教科領域】中学校3年生・国語
【学習の価値】「説得力のある文章を書こう」は，中学校3年生の後半に位置している。これまでの論理的な文章を書く学習の最終段階に当たる。1年生でレポートを書く，2年生で意見文を書き，3年生で初めての批評文を書くという段階を経ている。批評文を書くことを通して，ものの見方や自己認識を深め，説得力のある文章を書くことができるようになる。
【使用する教材】ワークシート

### 学習の流れ（4時間）

🕐〇〇〇　批評文をどう書くかを知り，批評するテーマを決めましょう。
・教科書の例文を読んで，批評文の書き方を知る。
・どんなテーマが考えられるか出し合い，考えを広げてから，身近なテーマを決める。

〇🕐〇〇　分析するための観点を立てて分析しましょう。
・観点ごとに評価できる点とできない点を書き出す。
・根拠となることも書き出す。

〇〇🕐〇　教科書の例文の構成に沿って批評文を書きましょう。

〇〇〇🕐　グループで批評文を読み合い，意見を交換しましょう。

### 評価
事実をもとに観点を立てて分析し，論理の展開を工夫した批評文を書くことができる。

### 留意点
〇事実や根拠をどう分析するかがポイント。
〇読むことをねらいとした学習では，「批評の言葉をためる」（論説文）において批評の意義を学んでいる。書くことの学習では，それを生かして取り組ませたい。
〇図書資料で情報を確認すると根拠が明確な批評文が書ける。

**資料**

| テーマ | ドラえもんはのび太に必要か？ | |
|---|---|---|
| 観点 | 事実・根拠 | 分析 |
| プラス面 | ・ドラえもんはいろいろなシーンで活躍している。<br>・ドラえもんはのび太に優しい。 | ・ドラえもんは、のび太にとってなくてはならない大きな支えになっている。 |
| マイナス面 | ・のび太は、何かあるたびにドラえもんに泣きついている。 | ・のび太はドラえもんに依存している。 |
| 存在意義 | ・藤子不二雄（1974）『ドラえもん』2巻 p.6「あしたテストがあるんだ」（1996）45巻 p.13「テストはあしたなんだよ」 | ・ドラえもんがいると、のび太の自立が遅れる。<br>・ドラえもんは、ずっとのび太の側にいるのにもかかわらず、のび太は失敗を繰り返し、成長しない。 |

　ドラえもんは、国民的アニメで世界でも大人気である。いろいろな魅力的な道具が登場するのが人気の要因だろう。もしも私たちのそばにドラえもんがいればとても便利で役に立ち、毎日楽しく過ごすことができるだろう。しかし、本当にドラえもんは必要なのだろうか。

　ドラえもんは、いつも便利な道具を出してのび太を救っている。のび太が悲しい思いをしているときも、なんとかその願いをかなえようと手助けしたり、慰めたりしてのび太にとって、ドラえもんはなくてはならない支えとなっていると言える。

　しかし、見方を変えてみるとどうだろう。のび太は何でもすぐにドラえもんに泣きつき、自分で解決しようとしない。『ドラえもん』2巻では、「あしたテストがあるんだ。」(p.6)と「こまった」(p.7)と泣きついている。この後ものび太は同じような失敗を繰り返し、「これからはちゃんと勉強するから。」と泣きついている。45巻でも「テストはあしたなんだよ」(p.13)と、ドラえもんは同じようにのび太をダメ人間から脱却させ、その子孫たちの悲惨な未来を変えるためにやってきたにもかかわらず、のび太の自立が遅れているように見える。

　のび太以上のことを考えると、ドラえもんはのび太にとって、必要ではないと言える。私たちもドラえもんのような便利なものに頼りすぎると、人間としての何か大切な力を失うことになるのではないだろうか。

# ステップ3　㊿ 文章の形態を選んで書く

【習得させたいスキル】文章の形態の特長を理解し，伝えたい内容に合わせた文章形態を選んで書くことができる。

【学年・教科領域】中学校3年生・国語

【学習の価値】3年生の最初の説明文の単元で，書くことも最初の教材となっている。2年間の学習で，物語，詩，随筆，意見文等，様々な形態の文章を学習してきた。これらの学習は，文章の形態がもつ特徴を理解して書くことにつながる。

【使用する教材】中学校1〜3年生国語科教科書（光村図書出版）・各文章形態の特徴，ワークシート

### 学習の流れ（3時間）

①　「合唱コンクール」について，書きましょう。伝えたい内容を決めて，それにふさわしい文章の形態を選びます（「いろいろな文章形態」中学校3年生国語科教科書，光村図書出版，272ページ参照）。

・伝えたい内容を決める。
　（練習の記録，結果についての考察，コンクールで得ることができるものなど）
・伝えたい内容に合わせて文章形態を選ぶ。
　（事実・事柄・意見→報告文，報道文　　考え→意見文，批評文）

②　自分が選んだ文章形態の特徴を確認しましょう。

・1，2年生の教科書に記載されていたそれぞれの文章形態の資料を見て，今までの学習を振り返る。
・自分の伝えたい内容に合った情報を取捨選択して，整理する。

③　伝えたいことが効果的に伝わるように，文章形態を生かして書きましょう。

・文章形態に合わせて，縦書きか横書きの用紙を選ぶ。
・選んだ文章形態に合った構成を考えて書く。

### 評　価

自分の伝えたいことに最もふさわしい文章の形態を選んで書くことができる。

### 留意点

○何について書くかは，学習する時期に合わせて，ちょうど終わった行事などから選ぶと書きやすい。
○図書館に生徒作品を収集しておくと，次年度の授業で参考にすることができる。

## 資料

### 「文章の形態を選んで書こう」

題材　あやぐも祭（合唱コンクール）　　　　　組　氏名（　　　　　）

○伝えたい内容
（伝えたいことはどちらか。例を参考にして空欄に書こう。）

| 【例】 | 【例】 |
|---|---|
| ・事実や事柄を正確に伝える。 | ・根拠に基づいて考えを伝える。 |
| ・当日までの歩み、練習記録 | ・審査の方法について |
| ・よい発声について調べたこと | ・結果についての考察 |
| | ・コンクールで得ることができるもの |

○ふさわしい文章の形態（選んだ形態を○で囲もう。）

　報告文（レポート）　　　　意見文
　報道文（新聞形式）　　　　批評文

⇩

○文章を書くために必要な情報を項目ごとにまとめよう。

| 項目 | 内容 |
|---|---|
|  |  |

---

「あやぐも祭の練習・結果報告　　　　　　」

組 氏名（　　　　）

1. 練習内容
   ① 10/15〜　パート練習開始（ソプラノ→教室前　アルト→教室後
   　　※7:50集合　　　テノール→廊下）
   ② 3-5と交歓合唱（西音楽室）2-6、2-7、3-7と交歓合唱（3-6教室）
   　　1-6と交歓合唱（体育館）
   ③ 合わせて歌う
   　　最初はイスを黒板側に向けていたが、11月になってからインターロック
   　　側に向けて歌った。

2. 練習での問題点
   ・集合時間に遅れてくる生徒がいた。
   ・パート練のとき、遊んでしまったり、声を出してない人がいた。
   ・合わせて歌うときに、準備・片付けに時間がかかり、練習時間が
   　短くなってしまった。
   ・特別教室の移動に時間がかかってしまった。

3. 結果
   　学年3位で銅賞をとり、赤坂静也さんが最優秀指揮者賞をとった。

4. 良かった点
   ・あやぐも祭を通じて、体育大会よりも団結力が高まった。
   ・本番に向けて頑張ろうという気持ちが、本番に近づくにつれて高まっ
   　ていった。

---

「○○さん、見事指揮者賞に　　　　　　」

組 氏名（　　　　）

十一月七日、袋井市立袋井中学校体育館にて行われたあやぐも祭。三年の部ははじまりから、最優秀指揮者賞を獲得した六組の○○○○（旦）さんは、壇上での心境を「とても緊張したし、指揮を振っているときは楽しかった」と語った。指揮を振り終わったときはとても爽快な気分になったと語っていた。○○さんの指揮はとても表現力豊かであやぐも祭にふさわしい指揮を歌った七組が見事一位に輝いた。結果発表のとき、○○さんはいすから立ち上がって喜び、クラスメートからも温かい拍手が巻き起こった。

また、今回のあやぐも祭で見事最優秀指揮者賞を獲得した六組の○○○○（旦）さんは、壇上での心境を「とても緊張したし、指揮を振っているときは楽しかった」と語った。指揮を振り終わったときはとても爽快

## 参考にした文献

赤木かん子・塩谷京子（2007）『しらべる力をそだてる授業！』ポプラ社

足立正治・中村百合子監訳／アメリカ教育ネットワーク・アメリカスクールライブラリアン協会編著（2003）『インフォメーション・パワーが教育を変える！──学校図書館の再生から始まる学校改革』高陵社書店

石井英真（2015）『今求められる学力と学びとは──コンピテンシー・ベースのカリキュラムの光と影』日本標準ブックレット No.14

大庭コティさち子（2009）『アメリカ式主張の技術──考える・まとめる・表現する』NTT出版

小笠原喜康（2009）『新版 大学生のためのレポート・論文術』講談社現代新書2021

川喜田二郎（1967）『発想法』中公新書136

木下是雄（2014）『理科系の作文技術』79版 中公新書624

黒上晴夫・小島亜華里訳／R. リチャート・M. チャーチ・K. モリソン（2015）『子どもの思考が見える21のルーチン』北大路書房

河野哲也（2002）『レポート・論文の書き方入門 第3版』慶應義塾大学出版会

国立教育政策研究所（2013）『教育課程の編成に関する基礎的研究報告書5 社会の変化に対応する資質や能力を育成する教育課程編成の基本原理』

国立教育政策研究所（2014）『教育課程の編成に関する基礎的研究報告書7 資質や能力の包括的育成に向けた教育課程の基準の原理［改訂版］』

小坂敦子・吉田新一郎訳／ラルフ・フレッチャー＆ジョアン・ポータルピ（2007）『ライティング・ワークショップ──「書く」ことが好きになる教え方・学び方』新評論

坂田仰・河内祥子編著（2012）『教育改革の動向と学校図書館』八千代出版

塩谷京子（2013）『司書教諭が伝える言語活動と探究的な学習の授業デザイン』三省堂

塩谷京子（2014）『探究的な学習を支える情報活用スキル ──つかむ・さがす・えらぶ・まとめる』はじめよう学校図書館10 全国学校図書館協議会

全国学校図書館協議会（2004）「情報・メディアを活用する学び方の指導体系表」http://www.j-sla.or.jp/pdfs/material/taikeihyou.pdf（2015.7.17参照）

全国学校図書館協議会（2004）「利用指導の実態」『学校図書館』649：51

全国学校図書館協議会（2009）「2008年度に実施した利用指導」『学校図書館』709：47

宅間紘一（2008）『はじめての論文作成術』三訂版 日中出版

照屋華子・岡田恵子（2001）『ロジカル・シンキング──論理的な思考と構成のスキル』東洋経済新報社

照屋華子（2006）『ロジカル・ライティング──論理的にわかりやすく書くスキル』東洋経済新報社

文化庁ホームページ

　「はじめて学ぶ著作権」 http://chosakuken.bunka.go.jp/chosakuken/hakase/hajimete_1/index.html（2015.11.2参照）

　「みんなのための著作権教室」 http://kids.cric.or.jp（2015.11.2参照）

　「マンガでわかる著作物の利用 作太郎の奮闘記」http://chosakuken.bunka.go.jp/chosakuken/h22_manga/index.html（2015.11.2参照）

堀川照代・塩谷京子（2016）『改訂新版 学習指導と学校図書館』放送大学教育振興会

堀田龍也・塩谷京子（2007）『学校図書館で育む情報リテラシー──すぐ実践できる小学校の情報活用スキル』全国学校図書館協議会

三宅なほみ監訳／益川弘如・望月俊男編訳／P. グリフィン・B. マクゴー・E. ケア編（2014）『21世紀型スキル──学びと評価の新たなかたち』北大路書房

文部省（1953, 1997, 2014）「学校図書館法」 http://www.mext.go.jp/a_menu/sports/dokusyo/hourei/cont_001/011.htm（2015.7.20参照）

文部科学省（2002）「情報教育の実践と学校の情報化〜新情報教育に関する手引き」 http://www.mext.go.jp/a_menu/shotou/zyouhou/020706a.pdf（2015.7.19参照）

文部科学省（2008）「小学校学習指導要領解説 総合的な学習の時間編」 http://www.mext.go.jp/component/a_menu/education/ micro_detail/__icsFiles/afieldfile/2009/06/16/1234931_013.pdf（2015.7.19参照）

文部科学省（2014）「これからの学校図書館担当職員に求められる役割・職務及びその資質能力の向上方策等について（報告）」http://www.mext.go.jp/component/b_menu/shingi/toushin/__icsFiles/afieldfile/2014/04/01/1346119_2.pdf（2015.7.18参照）

山﨑康司訳／バーバラ・ミント著／グロービス・マネジメント・インスティテュート監修（2001）『新版 考える技術・書く技術――問題解決力を伸ばすピラミッド原則』ダイヤモンド社

吉田新一郎訳／ジェニ・ウィルソン＆レスリー・ウィング・ジャン（2004）『考える力はこうしてつける』新評論

吉田新一郎（2010）『読む力はこうしてつける』新評論

吉田政幸（1993）『分類学からの出発』中公新書1148

◇「情報スキル50」の作成については，以下の資料を参照しました。

| | |
|---|---|
| 国語科教科書 | 光村図書出版　東京書籍　教育出版　学校図書　三省堂 |
| 社会科・地理教科書 | 東京書籍 |
| 算数・数学教科書 | 東京書籍　啓林館　学校図書 |
| 理科教科書 | 大日本図書　東京書籍 |
| 生活科教科書 | 学校図書 |

（小学校は平成27年度用，中学校は平成27年度・平成28年度用教科書を参照）

# おわりに

　21世紀を生きるために必要な基礎力のひとつである情報スキルを整理したのが本書です。基礎力ですから，一朝一夕では身につきません。時間をかけて少しずつ継続して自分のものにしていくのです。ですから，簡単に忘れることはありません。だからこそ，基礎力となりうるのです。教員が継続して指導できるためには，小中学校9年間を見通した情報スキルの全体像の理解が必要です。その理解の上で，実践事例が初めて役に立つとの考えから，理解と実践の両方を本書に収めることにしました。

　本書は筆者が静岡大学大学院情報学研究科に提出した修士論文をもとに実践研究を継続し，その後，関西大学大学院総合情報学研究科に提出した博士論文の執筆過程で得た知見の一部をもとに書き上げたものです。内容については，小中学校のすべての教員，図書館教育を推進する司書教諭と学校司書，教員をめざす学生のみなさんを対象に，21世紀を生きるための基礎力である情報スキルの理解と実践を組み合わせた構成としました。

　筆者は教員人生のまとめの時期に，社会人大学院生として，教員としてかかえる課題を解決するために大学院で学ぶ決意をしました。仕事をしながら学ぶことは想像以上に難しく，先が見えない不安をいだきながらの毎日でした。

　その中で，関西大学大学院の久保田賢一教授，久保田真弓教授，黒上晴夫教授，静岡大学大学院の堀田龍也教授（現東北大学大学院）には，進むべき方向性について示唆をいただきました。いつも背中を押してくださり，毎回の指導記録は私の財産です。

　筆者が学校教育に携わりながら研究を進めることを受け止め応援してくださったのは，岩城偕子校長先生（元静岡市立東豊田小学校），加藤誠一校長先生（元静岡市立森下小学校）でした。校長先生方に見守られながら教育に情熱を傾けた日々は，今でも前に進む原動力になっています。

　共同研究者である小谷田照代先生（沼津市立静浦小中一貫学校），秋田純子先生・堀内典子先生（磐田市立城北中学校）とは，情報スキルについての授業実践を2年間に渡り重ねてきました。また，本書の実践事例の執筆もしていただきました。本書の構成に関しては，ミネルヴァ書房の河野菜穂さんに企画の段階から大変お世話になりました。本書の内容は多岐に渡りますが，編集者からの適切な指摘により，伝わりやすい形にすることができました。

　お世話になったみなさまに，心よりお礼申し上げます。ありがとうございました。

　最後になりましたが，本書の出版を後押ししてくださった読者のみなさまに心より感謝申し上げます。

2016年4月　　　　　　　　　　　　　　　　　　　　　　　　　　　　　　　　塩谷　京子

# 索 引

## あ 行

- アンケート ………………………… 80, 82, 85, 89
- 意見文 ……………………………… 185, 187, 191
- イメージマップ ………………………… 13, 22
- インターネット ………………… 72, 73, 76, 78
- インタビュー ……………………… 81, 83, 87, 91
- 引用 ………………… 96, 103, 107, 183, 184, 189
- 奥付 ………………………………………… 105

## か 行

- 関係づける ………………………………… 113, 120
- 巻冊記号 …………………………………………… 39
- 観点を立てる ……………………………… 115, 122
- キーボード ………………………………… 71, 75
- 組み立てる ……………………… 140, 142, 146, 147
- グラフ ……………………………………… 127, 133
- 比べる ……………………………………………… 110
- KWLシート ………………………………… 12, 20
- 検索 ………………………………………………… 31
- 公式サイト ………………………………………… 76
- 構造化する ………………………………… 144, 149
- 5W1H ……………………………………………… 96

## さ 行

- 参考図書 …………………………… 41, 42, 50, 62
- 参考にした資料 …………………………… 97, 105
- 参考文献 …………………………………………… 98
- 三点決め …………………………………………… 10
- 事典 ………………………………………………… 58
- 辞典 ………………………………………………… 58
- 出典 ………………………………………………… 97
- 常体と敬体 ……………………………………… 167
- 情報カード ………………………………………… 95
- 序論・本論・結論 ……………………………… 165
- 調べる計画 ………………………………………… 29
- 調べる方法 ………………………………… 28, 33
- 推定 ……………………………………………… 131
- スピーチメモ …………………………………… 142
- スライド ……………………… 152, 153, 156, 158
- 請求記号 …………………………………………… 39
- 責任表示 …………………………………………… 97
- 説明する ………………………………………… 168
- 説明の仕方 ……………………………… 168, 179
- 背・つめ・柱 ……………………………… 55, 60
- 全数調査 ………………………………………… 130
- 双括型 …………………………………… 117, 185
- 総索引 ……………………………………………… 56
- 相対度数分布表 ………………………………… 129

## た 行

- 代表値 …………………………………… 129, 135
- 探究方法 ………………………………… 30, 31
- 探索 ………………………………………………… 31
- 段落 ……………………………………………… 163
- 抽出 ……………………………………………… 131
- 調査計画 …………………………………………… 34
- 著作権 …………………………………… 100, 107
- 問いと答え ……………………………… 94, 102
- 頭括型 …………………………………… 117, 185
- 登場人物図鑑 …………………………………… 113
- 図書館クイズ ……………………………………… 56
- 図書記号 …………………………………………… 39
- 度数折れ線 ……………………………………… 129
- 度数分布表 ……………………………………… 128

## な 行

- 仲間分け ………………………………… 111, 119
- なぜ・なにシート ……………………… 140, 146
- 日本十進分類法（NDC）……………… 39, 40, 48

## は 行

- はじめ・なか・おわり ………………… 162, 171
- 比較する ………………………………………… 110
- 尾括型 …………………………………… 117, 185
- ヒストグラム …………………………… 128, 135
- 批評文 …………………………………… 186, 193
- 百科事典 …………………………………………… 55

| | |
|---|---|
| 標本調査 | 130, 137 |
| ピラミッドチャート | 143, 147, 149 |
| フィールドワーク | 30 |
| フリーカード | 16 |
| フリーの百科事典 | 76 |
| プレゼンテーション | 154, 156, 158, 160 |
| 文献調査 | 31 |
| 文章形態 | 187, 195 |
| 分類記号 | 39 |
| 分類する | 110, 119 |
| ベン図 | 111 |
| ペンタゴンチャート | 11, 18 |
| 報告する | 168 |
| 母集団 | 130, 137 |

## ま 行

| | |
|---|---|
| マトリックス表 | 112 |
| マンダラート | 15, 24 |
| メディア | 43, 52, 53 |
| 目次・索引 | 64, 67 |

## や・ら 行

| | |
|---|---|
| 要約 | 95, 103, 107, 183, 184, 189 |
| ライブラリーワーク | 30 |
| ラボラトリーワーク | 30 |
| レポート | 166, 167, 169, 175, 177, 181, 182 |
| ローマ字入力 | 71, 75 |
| 論理展開 | 117, 125 |

《編著者紹介》

## 塩谷京子（しおや・きょうこ）

静岡県生まれ。
現職　放送大学客員准教授，関西大学文学部非常勤講師，博士（情報学）。
静岡大学教育学部卒業。静岡大学大学院情報学研究科前期博士課程修了。関西大学大学院総合情報学研究科後期博士課程修了。静岡市公立小学校教諭，関西大学初等部教諭・司書教諭／中高等部兼務を経て，現職。
主著　『しらべる力をそだてる授業！』（ポプラ社）
　　　『言語活動と探究的な学習の授業デザイン』（三省堂）
　　　『探究的な学習を支える情報活用スキル――つかむ・さがす・えらぶ・まとめる』（全国学校図書館協議会）
　　　『10分で読める伝記シリーズ』（学研教育出版）
　　　『改訂新版 学習指導と学校図書館』（放送大学教育振興会）など。

《執筆者紹介》（氏名／よみがな／現職／執筆分担／＊は編著者）

＊塩谷京子（しおや・きょうこ）編著者紹介参照。
　はじめに・情報スキル50一覧表・知っておいてほしいこと・内容の理解1～50・実践事例5, 16, 23, 27, 35, 44, 47・参考にした文献・おわりに・索引

萩田純子（はぎた・じゅんこ）静岡県磐田市立城山中学校教諭・司書教諭。
　実践事例4, 10, 18, 26, 29, 31, 40, 49, 50

堀内典子（ほりうち・のりこ）静岡県磐田市立城山中学校教諭。
　実践事例13, 21, 22, 30, 37, 43, 44, 45, 48

小谷田照代（こやた・てるよ）静岡県沼津市立静浦小中一貫学校教諭・司書教諭。
　実践事例1, 2, 3, 6, 7, 8, 9, 11, 12, 14, 15, 17, 19, 20, 24, 25, 28, 32, 33, 34, 36, 38, 39, 41, 42, 46

---

すぐ実践できる情報スキル50
――学校図書館を活用して育む基礎力――

2016年4月30日　初版第1刷発行　　〈検印省略〉
2017年10月30日　初版第2刷発行

定価はカバーに表示しています

編著者　塩　谷　京　子
発行者　杉　田　啓　三
印刷者　田　中　雅　博

発行所　株式会社　ミネルヴァ書房
607-8494 京都市山科区日ノ岡堤谷町1
電話 代表　075-581-5191
振替口座　01020-0-8076

© 塩谷京子ほか, 2016　　　創栄図書印刷・藤沢製本

ISBN978-4-623-07661-1
Printed in Japan

渡辺暢惠 著
実践できる司書教諭を養成するための **学校図書館入門**
B5判美装カバー　216頁　本体2500円

渡辺暢惠／小柳聡美／和田幸子／齋藤洋子 著
学校司書と先生のための **すぐできるブックトーク**
B5判美装カバー　172頁　本体2200円

小原友行／髙木まさき／平石隆敏 編著
**はじめて学ぶ学校教育と新聞活用**
B5判美装カバー　216頁　本体2500円

田中共子 編
**よくわかる学びの技法**
B5判美装カバー　180頁　本体2200円

山田剛史／林創 著
**大学生のためのリサーチリテラシー入門**
四六判美装カバー　272頁　本体2400円

――ミネルヴァ書房――

http://www.minervashobo.co.jp/